Yasin Seiwasser

Mental Shower

Stärke deinen Geist und fühle dich frei

Mit Simon Biallowons

FREIBURG · BASEL · WIEN

© Verlag Herder GmbH, Freiburg im Breisgau 2024
Alle Rechte vorbehalten
www.herder.de

Satz: Carsten Klein, Torgau
Herstellung: GGP Media GmbH, Pößneck

Printed in Germany

ISBN Print 978-3-451-60220-7
ISBN E-Book (EPUB) 978-3-451-83240-6

Testimonials

Yasin ist für mich ein sehr inspirierender Lehrer und eine beeindruckende Persönlichkeit. Ich bin ihm sehr dankbar für all das Wissen, das er an uns weitergibt, und für die einfachen Techniken in der Praxis, die mein Leben verändert haben. Nicht nur im Profisport, sondern für das alltägliche Leben. Ich freue mich sehr über dieses Buch mit dir und ich danke dir.

Tina Rupprecht, siebenmaliger WBC-Boxing-World-Champion

Nach so vielen Jahren intensiver Erfahrung war es für Yasin Seiwasser an der Zeit, seine Lehren in die Außenwelt zu bringen. Das umfangreiche und komplexe Feld seiner Methode, welche für jeden Typ Mensch geeignet ist, ist wahrlich ein Multivitamin-Boost für Körper, Geist und Seele.

Patrick McKeown, Autor von Erfolgsfaktor Sauerstoff

Ich habe Yasin zum ersten Mal auf einer Konferenz kennengelernt. Obwohl er zu den bekanntesten Gästen zählte, hat er mir während unseres Gespräches sofort ein sehr angenehmes Gefühl gegeben. Dies zeigt, dass er ein demütiger und gutherziger Mensch ist. Ich schätze ihn für seine außergewöhnliche Disziplin und spirituelle Reife. Die Gespräche mit ihm inspirieren mich und ich bin dankbar einen solchen Freund zu haben.

Master Sri Sai Cholleti, Spiritueller Meister

Yasin Seiwassers Lehren haben mir sehr geholfen. Ich habe gelernt, meine Emotionen zu lenken und meinen Geist zu stärken. Durch seine Übungen und Techniken, die klar und effektiv sind, ist es mir gelungen, meine Gedanken besser zu steuern und bewusster wahrzunehmen. Ich bin dankbar und freue mich auf weitere inspirierende, spannende und erfolgreiche Erfahrungen.

Marco Friedl, Kapitän bei SV Werder Bremen und Österreichischer Nationalspieler

Yasin zeigt auf faszinierende Art, wie das Innen das Außen beeinflusst. Sein Buch *Mental Shower* zeugt von großer Erfahrung in seinem Gebiet und ist für alle wertvoll und lesenswert, die tiefer in die Geheimnisse der Imagination, des Atems und des Weges zu sich selbst eintauchen wollen.

R. Sriram, Yogalehrer und Buchautor

Nach einer schweren Corona-Erkrankung kurz vor den Olympischen Spielen, Tokio 2021, war es Yasin Seiwasser, der mir die Hand reichte und sagte: »Wir schaffen das zu 100 Prozent. Ich weiß noch nicht wie, aber ich weiß das. Am Ende wirst du strahlen. Wir werden es schaffen.« Diese Worte markierten den Beginn einer außergewöhnlichen Zusammenarbeit und Freundschaft.

Yasins Wissen über das Leben und die mentale Kraft erwies sich als Schlüssel, um meine großen Träume zu verwirklichen. Durch ihn fand ich nicht nur den Mut, dem Leben wieder zu vertrauen, sondern auch die unsichtbare Kraft in mir zu entfesseln.

Mental Shower ist mehr als nur ein Buch – es ist eine Quelle der Hoffnung und der Inspiration. Yasins Worte erinnern uns daran, dass selbst in den schwierigsten Momenten ein Licht am Ende des Tunnels leuchtet und dass wir mit der richtigen Herangehensweise jede Herausforderung überwinden können. Eine bewegende Lektüre, die Herzen berührt und viele Geister befreit.

Frank Stäbler, dreimaliger Weltmeister und Olympia-Medaillen-Gewinner im Ringen

Inhalt

Testimonials 5

Komm mit in die Stille der Bewegung 12

Was ist wirklich wirklich? 20

Der Mensch ist mehr, als er isst:
Der Ernährungsplan unseres Lebens 26

Die geheime Macht des Unterbewusstseins:
Das Unsichtbare wird sichtbar 78

Meister deines Lebens: Die Kraft der Affirmationen
und Suggestionen 96

Die wahre Ruhe: Wo wir sie wirklich finden 110

Das Treffen mit dir selbst: Die prägendsten Minuten
des Tages 136

Das mentale Gym: Workout für deine geistige Kraft 156

Es ist besser, eine Sache zu können, als tausend Sachen
nur zu kennen: Zwei Schlüssel zum dauerhaften Erfolg 180

Dank 202

Zum Schluss 206

Anmerkungen 208

Abbildungsnachweis 208

Yasin Seiwasser hat sich vom MMA (Mixed-Martial-Arts)-Champion zu einem Meister entwickelt, der persönliche Selbstentwicklung, Atemtechniken, Meditation und mentale Stärke unterrichtet und lehrt. Dabei hat er seinen ganz eigenen Stil und ein besonderes Charisma entwickelt, die viele Menschen inspirieren und begeistern.

Ich möchte Yasin gratulieren und ihm applaudieren: Ich bewundere seinen Erfolg als Mentalcoach im Sportbereich, aber auch in der Arena der persönlichen Selbstentwicklung. Ihm ist etwas Seltenes gelungen: der Sprung von Kampfkunst auf höchstem Niveau hin zum Training für das Leben. Und: Er hat ein gutes Herz und einen starken Geist und ist ein wunderbares Beispiel dafür, was möglich ist, wenn sich jemand einem höheren Zweck verschreibt. Er ist einer der weisesten und besten Praktizierenden weltweit, die ich kenne. Seine Schüler dürfen sich glücklich schätzen, einen solchen Meister und Lehrer zu haben.

Mit seinem Buch *Mental Shower* können nun auch mehr Menschen seine einzigartigen Techniken, Methoden und Lehren kennenlernen.

Dan Millman, Autor von *Way of the Peaceful Warrior* (Der Pfad des friedvollen Kriegers)

»Der Tag, an dem du den Samen pflanzt,
ist nicht der Tag, an dem du die Frucht
isst.«

Mental Shower

Komm mit in die Stille der Bewegung

Was ist Glück? Die Frage ist unzählige Male gestellt und vielleicht ebenso häufig beantwortet worden. Oder es wurde zumindest versucht, auf diese Frage eine Antwort zu finden. Mir persönlich gefällt eine Bemerkung des berühmten Psychoanalytikers Erich Fromm sehr gut, dem Autor von Klassikern wie *Die Kunst des Liebens* oder *Haben oder Sein*. Dieser Erich Fromm schrieb einmal: »Glück ist kein Geschenk der Götter, sondern die Frucht innerer Einstellung.« Und ich möchte ergänzen: Die innere Einstellung wiederum ist ebenfalls kein Geschenk, das wir von irgendwoher bekommen. Nein, für unsere innere Einstellung sind wir selbst zuständig, wir können uns – wenn man das so sagen darf – selbst einstellen. Und zwar nicht nur, um glücklich zu sein. Sondern auch, um uns von Ängsten, Sorgen und Zweifeln zu befreien und zu reinigen. Um in uns Platz und Raum zu schaffen für positive Gefühle und Gedanken, die unser Leben lebenswert machen. Und genau darum soll es in diesem Buch gehen.

Ich will hier von meinem Weg erzählen, der am Anfang abenteuerlich und teils gefährlich war, als ich für einige Jahre bei meinen Großeltern in einem Bürgerkriegsgebiet lebte. Und von meiner frühen Begeisterung für die Kampfkunst, die mich gelehrt hat, meine Angst anzunehmen und zu besiegen. Und ich will von meiner Arbeit als Mentaltrainer erzählen, zum Beispiel für den dreifachen Ringerweltmeister und Olympiamedaillengewinner Frank Stäbler oder die Fußballprofis des SV Werder Bremen in der Bundesliga, die ich seit knapp drei Jahren und auch noch zum jetzigen Zeitpunkt, da ich diese Zeilen schreibe, als Mentor begleite. Von solchen Erfahrungen, aber auch von derjenigen, wie ich als erster Nicht-Mönch in der Geschichte des Zen in einem der größten Zen-Klöster von einem Zen-Meister geehrt wurde und dort lehren durfte, möchte ich berichten. Wer sich hier ein wenig auskennt, weiß, wie streng und diszipliniert die Mönche jahrzehntelang meditieren, bevor sie selbst unterrichten dürfen. Und nicht nur das. Es bedarf hier eines großen Vertrauens des Meisters zum Schüler, bevor dies geschieht.

Vor allem aber will ich von meinem Weg aus dem Lärm in die Stille erzählen und dabei verraten, mit welchen Techniken und Übungen ich diese Stille gefunden habe – und sie immer wieder finde.

Gleich zu Beginn:

Mein Weg wird nicht dein Weg sein. Jede und jeder muss seinen eigenen Weg, seine eigene Stille selbst finden. Jeder muss eine eigene Klamottengröße an sich anpassen. Diese Individualität ist von größter Wichtigkeit. Doch durch meine jahrzehntelange Erfahrung als Mentalcoach und Meditationslehrer kann ich Hilfestellungen geben, die es leichter machen, diese Stille im alltäglichen Leben zu entdecken. Die uns helfen, unsere innere Einstellung »einzustellen« – um energetisiert, entspannt und glücklich zu sein.

Wenn ich heute in meinem Dojo (japanisch: der Ort der Übung des Weges) sitze und mich in die Meditation versenke, dann kann ich es fast selbst nicht glauben, dass es in meiner Kindheit eine Zeit gegeben hat, in der Angst und Tränen meine täglichen Begleiter waren. Geboren bin ich in Deutschland in der Stadt Aalen, wo ich mein erstes Jahr verbrachte. Meine Eltern waren noch sehr jung, und sie mussten dauernd arbeiten und konnten sich nicht um mich kümmern, da sie uns eine sichere Zukunft schaffen wollten. Und so wohnte ich für einige Jahre bei meinen Großeltern, die im Südosten der Türkei lebten, in Antakya (Hatay), eben jenem Gebiet, das vor Kurzem durch das verheerende Erdbeben komplett zerstört wurde. Damals herrschte Bürgerkrieg, und ich erinnere mich noch sehr gut daran, wie meine Oma immer rief oder flüsterte: »Duck dich, duck dich schnell.« Und danach hörte ich Schüsse oder andere Geräusche irgendwelcher Waffen. Damals habe ich mir etwas angewöhnt, was ich bis heute nicht verlernt habe: die Körpersprache anderer Menschen zu verstehen. Das gab mir Antwort auf die entscheidenden Fragen: Freund oder Feind, Hilfe oder Gefahr, gut oder böse? Die Angst war deshalb paradoxerweise mein Verbündeter und mein Gegner zugleich. Und die Aufmerksamkeit für die Körpersprache meiner Gegenüber konnte ich später in der Kampfkunst perfektionieren. Ich wusste meine Trainingspartner oder Gegner zu lesen, ich hatte gelernt, sie einzuschätzen, und konnte meine Strategie perfekt auf sie abstimmen. Ich entwickelte auch eine Art Vorahnung, was geschehen wird.

Mit acht Jahren fing ich mit Karate an, später kamen dann noch Wing Chun, Muay Thai und Boxen dazu. Ich trainierte intensiv an meinen Grundtechniken, blieb aber immer auch offen für Neues. Auf der Matte, im Ring oder im Käfig konnte ich viele Erfahrungen gewinnen, die mich teilweise bis heute prägen.

Und ich habe damals noch etwas anderes getan: Ich habe gelesen. Ich habe unfassbar viel gelesen. Natürlich waren etliche Bücher über Kampfkunst dabei, aber auch sehr viele über Philosophie, wobei mich besonders die fernöstliche Philosophie fesselte. Im Alter von vierzehn schenkte mir mein damaliger Trainer dann ein Buch, das bis heute eines der wichtigsten, vielleicht sogar das wichtigste Buch überhaupt für meinen Weg ist: *Der Pfad des friedvollen Kriegers* von Dan Millman.

Genau, von dem Dan Millman, der mir die Widmung geschrieben hat – eine große Ehre für mich. Dieses Buch hat mir in vielerlei Hinsicht die Augen geöffnet, und ich habe es vierzehn oder fünfzehn Mal gelesen. Seitdem habe ich ca. 1500 Bücher verschluckt und lese auch heute noch gerne. Hierzu die Weisheit: »Denn der wahre Meister bleibt ein Schüler bis zu seinem letzten Tage.« Zugleich stellte ich mir die Aufgabe, neben den Lehren der alten und großen Meister auch meine eigenen Gedanken zu entwickeln, meine eigenen Erfahrungen zu machen. So, wie es Bruce Lee einmal ausgedrückt hat: »Nimm das, was nützlich ist, nimm das weg, was unnütz ist – und dann füge dein Eigenes hinzu.« Im frühen Alter von etwa dreizehn Jahren habe ich neben der Kampfkunst auch mit Atemübungen und dem Meditieren begonnen.

Meditation, wie wir sie im Westen oft verstehen, ist nicht mit dem komplett deckungsgleich, wie Meditation beispielsweise im Fernen Osten praktiziert wurde. Diesem Verständnis von Meditation liegt das Wort »dhyana« zugrunde, was wortwörtlich aus dem Sanskrit übersetzt so viel wie »Glühen« oder »Brennen« bedeutet und gut mit »durch Versenkung zum Leuchten« wiedergegeben werden kann. Wenn wir im Westen »meditieren«, meinen wir damit oft eine geführte Meditation oder auch ein tiefes Nachdenken. Ich habe allerdings mit den Jahren durch mein Training und während meiner vielen Reisen durch Japan, Indien und andere Länder Asiens eine Meditation kennengelernt, die die Versenkung sucht, die totale Präsenz im Hier und Jetzt, einen Ort tiefster Stille, innerer Stille. Eine Stille, die selbst dann noch still ist, wenn der Sturm um mich herum tobt.

Wenn wir sagen: »Ich meditiere jetzt«, dann würde das ein Zen-Meister vermutlich nicht richtig verstehen. Das wäre so, als würde ich sagen: »Ich mache diesen Ort.« Meditation kann man nicht machen oder tun, in der Meditation kommt man an. Ich kann also nicht sagen: »Ich mache heute Frankfurt.« Das geht nicht. Ich kann aber sagen: »Ich bin in Frankfurt angekommen.« Dann wäre ich an diesem Ort der Stille. Man kann diesen Ort nicht praktizieren. Wir können nur die Vorbereitungen dafür treffen, um dort anzukommen. Und von solchen Vorbereitungen, wie du sie lernen kannst, will ich in diesem Buch ebenfalls erzählen.

Meditation oder auch ein gutes Training, ob nun geistig oder körperlich, das macht uns auf eine tiefe Art und Weise glücklich und bringt uns in unsere Mitte. Wir fühlen uns gut, und das Wohlbefinden steigt. Auch, weil wir auf eine bestimmte Weise präsent sind. Dazu passt eine alte Zen-Weisheit: »Der Gedanke ist der Tod der Gegenwart.« Was will uns das sagen? In dem Moment, in dem du denkst, bist du nicht zu hundert Prozent in der Gegenwart. In dem Moment, in dem du ganz in der Gegenwart sein willst, musst du frei sein, ganz frei, du musst im Flow sein.

Damit habe ich mich viel beschäftigt, und ich beschäftige mich bis heute noch damit. Daraus ist mein Art-of-Life-Programm entstanden. Seiwasser Art of Life, so nenne ich es, ist eine Philosophie und ein Programm zugleich, das auf über 35 Jahren sehr intensiven geistigen und körperlichen Trainings basiert. Es beinhaltet spezielle Techniken und Rituale für den Alltag. Der goldene Kraftfluss ist ein Morgenritual und besteht aus zwölf komplexen Übungen mit einer Mischung aus verschiedenen Komponenten aus der Seiwasser-Lehre. Zu diesen Übungen habe ich über die Jahre unglaublich positives

Feedback erhalten, da die Praktizierenden ihr Leben stark zum Positiven verändern konnten. Das Programm umfasst auch verschiedene Formen der Meditation wie Zen und Kriya-Yoga sowie mentales Krafttraining, Affirmationen und Suggestionen. Es geht um das Bewusstsein und Unterbewusstsein, um Chi-Kung-Techniken zur Kräftigung, Entspannung und Energetisierung. Es geht um Kampfkunst und Kampfgeist, um Selbstverteidigung und den Aufbau von Selbstvertrauen. Eine Art Multivitaminkur für Körper, Geist und Seele.

Unter anderem habe ich auch mehrere Jahre an verschiedenen öffentlichen Schulen und Tageskliniken unterrichtet. Vor allem für schwerwiegende Problemfälle. Für mich sind diese Programme und dieses Buch eine Berufung. Eine Art Mission in meinem Leben, so fühle ich es.

Zurück zu meiner Vergangenheit. Ich konnte den deutschen Meistertitel im MMA (Mixed Martial Arts) in einem harten Acht-Mann-Turnier an einem Abend erkämpfen und halte den Weltrekord für den schnellsten Knockout in einem Titelkampf. Ich hätte Profi werden können, doch ich spürte, dass meine Bestimmung an einem anderen Punkt lag. Dazu fällt mir eine Episode aus meiner Jugend ein: Ich war ungefähr zehn Jahre alt und ich habe mich mit einem Kumpel, mit dem ich immer Kampfsportfilme geguckt habe, vor dem Haus getroffen, um die Techniken aus den Filmen nachzumachen. Da waren noch andere, kleinere Jungs, vielleicht fünf oder sechs Jahre alt, die uns zuschauten. Irgendwann wollten sie mitmachen, und ich habe einem der Jungs ein paar Sachen gezeigt und plötzlich gespürt: Das ist es. Das will ich später einmal machen. So schnell wie dieser Gedanke kam, war er aber auch wieder weg. Erst viele Jahre später kamen diese Bilder und dieses Ereignis wieder hoch.

Mit anderen Menschen arbeiten, ihnen helfen, sie SELBST zu werden, das Beste aus ihren Fähigkeiten zu machen, und dazu die Lehre selbst zu leben, genau das ist mein Weg.

Mit siebzehn habe ich das erste Mal als Trainer gearbeitet, mit neunzehn hatte ich zwei Kampfsportschulen, und später eröffnete ich Schulen überall auf der Welt, in Costa Rica zum Beispiel oder auch in Brasilien. Ich durfte in Peru, in den USA, auf Kuba oder in Indien Seminare halten und mein Wissen über die Kampfkunst, vor allem aber über »Art of Life« weitergeben. Und einiges, wovon mir die Menschen mitgeteilt haben, dass es ihnen sehr geholfen hat. Davon erzähle ich in diesem Buch. Und ich freue mich darauf, mit dir den Weg in diese fließende Stille zu gehen. Einige Abschnitte nur – bis du selbst diesen Weg gehen kannst. Ich bin sicher, dass du ihn früher oder später finden wirst. Und wenn du dir auch schon vieles angeeignet hast, so nimm das, was nützlich ist, und füge dein Eigenes hinzu. Es gilt auch hier:

Wer sucht, der findet.

»Nimm das wahr, was das Auge nicht sehen kann.«

Was ist wirklich wirklich?

Die schnelle Entwicklung von Technologie, Wirtschaft und Wissenschaft hat uns in eine Ära geführt, in der wir Tag für Tag von unzähligen Informationen und Gedanken überflutet werden. Dies geschieht von morgens bis abends und manchmal sogar in unseren Träumen während der Nacht. Unsere Gedanken scheinen niemals stillzustehen. Mitdenken, Vordenken, Nachdenken – wir hören gar nicht mehr auf zu denken. Dieser Informationsüberfluss betäubt uns in großem Maße und raubt uns Energie, sodass wir in unseren alltäglichen Herausforderungen meist zu kurz treten. Probleme und Blockaden häufen sich in uns und folglich auch im Außen. Sei es bei der Arbeit, in häuslichen Angelegenheiten oder im Sport.

Unsere natürlichen tiefliegenden Instinkte, die in früheren Zeiten noch scharf und naturverbunden waren, werden mit der Zeit immer stumpfer. Ich erinnere mich daran, dass mein Uropa immer genau wusste, ob es am kommenden Tag regnen, stürmen oder sonnig sein würde und dass er seine Kühe darauf vorbereitete. Einmal war es sonnig, keine Wolke war zu sehen, und plötzlich sagte er: »Bringt die Kühe rein. In zwei Stunden kommt ein Sturm auf.« Wir alle standen nur mit einem Fragezeichen im Gesicht herum. Doch zwei Stunden später, siehe da, ein starker Sturm kam auf. Auch konnte er die Uhrzeit ohne Uhr immer passend nennen. Von vielen anderen aus dieser Zeit habe ich das auch immer wieder gehört. Es schien damals ganz normal gewesen zu sein. Diese gute Verbindung zur Natur. Heute ist das kaum vorstellbar. Sogar die Wetterapps mit den besten Wetterstationen liegen immer wieder mal falsch. Das Vertrauen in die eigenen Kräfte ist mit der Zeit mehr und mehr verschwunden, bis heute davon fast nichts mehr übriggeblieben ist.

Wir wollen uns in diesem ersten Kapitel nur kurz mit einer Einsicht auseinandersetzen, die für alles, was später kommt, entscheidend ist. Dazu eine einfache Frage: »Was ist denn für uns real?« Du wirst jetzt vermutlich antworten: »Na ja, natürlich das, was existiert.« Okay. Und was bedeutet das? Die meisten meiner Klienten meinen an dieser Stelle: »Das, was man sehen und hören, was man riechen und anfassen kann.« Real, so könnte man diese Meinung zusammenfassen, ist das, was sichtbar ist. Der Mensch glaubt nur an das, was er sieht und hört. Der Mensch glaubt nicht an das, was er nicht sieht oder nicht hört.

Ganz genau, wirst du jetzt vielleicht denken, wie soll es denn sonst sein. Dann stell dir doch bitte einmal folgende Szene vor, auch wenn sie vielleicht etwas brutal erscheint: Du sitzt auf der Terrasse eines Cafés und trinkst dein Lieblingsgetränk. Es ist ein schöner Tag, die Sonne scheint, es ist perfekt, frühsommerlich warm, du genießt deinen freien Tag, beobachtest die Straße vor dem Café. Irgendwann spaziert ein Pärchen vorbei, vor ihm ein Hund, nicht angeleint. Das Pärchen diskutiert und versinkt im Gespräch. Der Hund läuft vor, hält an, wartet. Auf einmal aber, warum auch immer, schießt er wie verrückt auf die Straße. Genau vor ein fahrendes Auto. Ich erspare dir die weiteren Details, wie du in dem Café sitzt, geschockt bist, vielleicht sogar unter Tränen, der Tag ist plötzlich überschattet. Erzählst du am Abend davon, kann es gut sein, dass du sagst: »Das war so krass zu sehen. Direkt vor meinen Augen.« Du hast es gesehen, und es ist wirklich passiert. Das ist real.

Nun die gleiche Szene: Du sitzt wieder ganz entspannt im Café und schlürfst an deinem Lieblingsgetränk, die Sonnenstrahlen wärmen deine Haut, und du genießt den Tag in vollen Zügen. Wieder passiert das Gleiche wie schon beschrieben. Der Hund wird überfahren und schwer verletzt. Aber das Ganze ist fünf Straßen weiter passiert. Du hörst und siehst nichts davon. Du bekommst nichts mit. Du nimmst dein Glas in die Hand und genießt den nächsten Schluck. Für dich ist nichts passiert. Absolut nichts. Deine Wirklichkeit sind dein Lieblingsgetränk und die schöne warme Sonne, ganz entspannt. Aber ist die Sache mit dem Hund deshalb nicht real?

Unsere fünf Sinne, die Augen, die Ohren, der Geruchssinn, der Gefühlssinn und der Geschmackssinn sind begrenzt. Sie sind nur nach außen gerichtet, dienen hauptsächlich dem Überleben und um gewisse Erfahrungen zu sammeln. Doch es gibt einen weiteren Sinn. Dieser unsichtbare sechste Sinn, der spirituelle Sinn oder das spirituelle Auge, bezieht sich auf etwas, das nicht äußerlich gesehen und schon gar nicht berührt werden kann, auf etwas, das intuitiv und instinktiv zu erfassen ist. Und der Instinkt ist dem Denken immer ein Schritt voraus. Das ist die wichtigste Einsicht, um auf unserer Reise zu uns selbst voranzukommen. Wir müssen verstehen, dass nicht nur das Sichtbare wirklich ist, sondern dass auch das Unsichtbare real ist. Der Schweizer Psychologe Carl Gustav Jung, einer der Größten in der modernen analytischen Psychologie, hat einmal gesagt: »Das Unbewusste ist größer als das Bewusste, und es enthält mehr Wissen.« Und Albert Einstein soll gesagt haben: Wir nutzen nur wenige Prozent von unserem gesamten Potenzial. Womit er das Überbewusste und das Unbewusste meinte. Auf das Unbewusste werden wir im dritten Kapitel zu sprechen kommen. Hier soll uns die Erkenntnis genügen, dass wir unseren fünf Sinnen vertrauen können; dass wir aber zugleich wissen sollten, dass sie nicht alles erfassen können. Es gibt noch viel mehr als das, was wir wissen und denken können.

Deshalb werden wir später lernen, unsere Instinkte und unsere Intuition zu schärfen, wir werden lernen, uns wieder auf uns selbst zu fokussieren, uns selbst zu vertrauen. Damit werden wir die wirkliche Wirklichkeit besser erfassen und auch mehr Erfolg haben als nur damit, was uns die Logik und unser Intellekt mitgeben. Die Logik beruht nur auf den Sinnen. Doch alles, was wir hier sehen, alles war einmal ein Gedanke, ein Wunsch. Unsere Klamotten waren einmal ein Gedanke, ein Wunsch. Die Uhr, die du anhast, der Stift, den du hältst, die Flasche vor dir, der Stuhl, auf dem du sitzt, all das war erst einmal Wunsch, ein Gedanke. Jetzt ist es sichtbar und anfassbar. Real war es allerdings schon vorher. Dazu später mehr, wenn wir die nächsten Schritte machen und lernen werden: »Das Unsichtbare zu sehen, ist eine Gabe. Es zu verstehen, ist eine Kunst.«

Diese Kunst können wir lernen. Du hast sogar schon damit angefangen. Wann? Gerade eben. Als ich dich bat, dir die Szene mit dem Hund vorzustellen. Dadurch ist sie passiert. Sie war real, weil du sie dir vorgestellt hast. Der indische Bestseller-Autor Deepak Chopra schrieb einmal dazu: »Die Welt der Gedanken und Gefühle ist genauso real wie die Welt der Materie; oft ist sie sogar noch bedeutsamer, denn sie ist unsichtbar und unbegrenzt.« Wir wollen auf den nächsten Seiten in diese Welt eintauchen. Wir wollen die Kunst, das Unsichtbare zu verstehen, erlernen. Wir starten dafür bei einem Grundbedürfnis, das total simpel ist und das jede und jeder kennt, weil wir es alle haben: das Bedürfnis nach Essen und Trinken. Das, was wir als Nahrung verstehen.

Ich freue mich, dass ich dich mit diesem Buch ein Stück weit auf deiner Reise und auf deinem Weg begleiten darf.

*»Der Mensch lebt nicht
vom Brot allein.«*

Der Mensch ist mehr, als er isst: Der Ernährungsplan unseres Lebens

Ernährung ist eines der Megathemen unserer Gesellschaft, gerade wenn es um Fitness, Well being und grundsätzlich um unsere Gesundheit geht. Ein Blick in die Buchhandlung um die Ecke zeigt dir: Es gibt unfassbar viele Ratgeber dazu, und Bücher wie Bas Kasts *Der Ernährungs-Kompass* haben beeindruckende Auflagen und nahezu Kultstatus erreicht. Völlig zu Recht. Denn Ernährung, besser: gute und richtige Ernährung ist das A und O für ein gesundes, aktives und kraftvolles Leben. Und mehr noch: Ernährung ist auch Ausdruck eines Selbstbewusstseins, einer Einstellung zu sich selbst und zum Leben. Der französische Schriftsteller Jean Anthelme Brillat-Savarin, geboren Mitte des 18. Jahrhunderts, hinterließ uns nicht nur das wunderbare Buch *Physiologie des Geschmacks oder Betrachtungen über das höhere Tafelvergnügen*, auf ihn soll auch der bekannte Spruch zurückgehen: »Sage mir, was du isst, und ich sage dir, wer du bist.« Richtig: Essen – das ist für uns Menschen Ausdruck unserer Identität, und gerade heute, da Kochshows und Sternetempel Furore machen, gilt das Essen als Statussymbol und als Emblem des eigenen Anspruchs. Und das nicht nur hierzulande. In den verschiedensten Ländern und Kulturen ist das Essen nicht weniger als das Zeichen der eigenen Identität.

Eine Ernährung, die uns stärkt und gesund hält, ist auch ein wichtiger Faktor der Mental-Shower-Methode. Wie eben erwähnt gibt es zu dem Thema schon eine Fülle von Ratgebern. Soll jetzt noch einer dazukommen? Nein, hier geht es um etwas anderes. Nämlich um die Erkenntnis: Nahrung ist viel mehr als nur Essen. Wir alle kennen das Wort »geistige Nahrung«, und ja, wir brauchen mehr als nur feste Nahrung. Und ich will noch ein bisschen weitergehen: Wir brauchen mehr als materielle Nahrung, denn z. B. wird die Qualität des Wassers selten beim Essen beachtet. Doch selbst wenn man Trinken hinzurechnet, brauchen wir mehr. Darum soll es in diesem Kapitel gehen, um die Frage nach der wirklich guten, einer umfassenden und ganzheitlichen Ernährung.

Nahrungsaufnahme, um einmal diesen wunderbar komplizierten und völlig unromantischen Begriff zu benutzen, Nahrungsaufnahme klingt schon reichlich mechanisch: Klappe auf, Brot, Gemüse oder Fleisch rein, Klappe am besten wieder zu, kauen, schlucken, Klappe wieder auf und so weiter. Auch wenn ich es ein wenig überzeichnet habe: So sind wir aufgewachsen, und so haben wir es von klein auf gelernt. Wenn wir das Wort »Nahrung« oder »Ernährung« hören, denken wir hauptsächlich an die feste Nahrung, eben an Obst und Gemüse, an Fleisch oder Brot. So hat man es uns beigebracht. Und wenn uns unsere besorgten Eltern oder hin und wieder der Arzt oder eine Therapeutin fragen, wie wir uns eigentlich ernähren, dann geht es in der Regel nur um diese feste Nahrung. Leiden wir unter Mangelerscheinungen, dann werden Blutbilder gemacht, es werden Diäten verordnet, Nahrungsergänzungsmittel oder Medikamente verschrieben, und es werden Kuren empfohlen. Und in vielen Fällen mag ein solches Vorgehen bis zu einem gewissen Grad auch sinnvoll und angebracht sein. Trotzdem reicht das nicht, die Fokussierung auf feste Nahrung ist eine Beschränkung. Ich beschäftige mich dennoch seit vielen Jahren mit dieser Form der festen Nahrung. Denn wir wollen lernen, unser Potenzial in allen Bereichen so gut wie möglich auszuschöpfen.

Grob- und feinstoffliche Nahrung

Dazu ein kurzes Gedankenexperiment: Der Unterschied zwischen fester Nahrung – nennen wir sie hier einmal »grobstoffliche Nahrung« – und der subtileren Form der Nahrung besteht darin, ob und wie lange wir auf sie verzichten können. Wir können zum Beispiel gut dreißig Tage ohne Probleme auf feste Nahrung verzichten, wenn wir dabei weiterhin Wasser trinken.[1] Auf Wasser, welches feinstofflicher ist, können wir im Durchschnitt maximal drei bis vier Tage verzichten.[2] Sicher, es hat immer Ausnahmen in der Menschheit gegeben, und es wird auch weiter solche Ausnahmen geben, einige Menschen schaffen es womöglich etwas länger, auf Wasser zu verzichten, aber das sind eben seltene Ausnahmen. Der Durchschnittsmensch kann drei bis vier Tage auf Wasser verzichten, ab dann kann unser Körper den gesamten Organismus nicht mehr aufrechterhalten, und wir verlieren unsere Lebenskraft.

Gehen wir jetzt aber einen Schritt weiter in unserem Experiment: Was meinen wir, wie lange können wir auf eine noch feinstofflichere Form der Ernährung verzichten? Die Form, die ich meine, ist völlig unsichtbar, und die Menschheit beachtet sie so gut wie gar nicht: Ich spreche von der Atmung. Wir atmen im Durchschnitt ungefähr 23 000 Mal pro Tag.[3]

Also, wie lange können wir darauf verzichten zu atmen? Der Durchschnittsmensch schafft keine zwei Minuten. Mit jedem Ein- und Ausatmen ernährt die Atmung unseren gesamten Körper, sie bereichert jede Zelle, jedes Organ mit Sauerstoff, der uns am Leben hält. Sauerstoff ist der Stoff des Lebens, auch wenn er für das bloße Auge nicht erkennbar ist und nur in Reagenzgläsern und unter dem Mikroskop sichtbar gemacht werden kann. Doch, wie wir vorher gesagt haben, auch das für das bloße Auge Unsichtbare ist real. Und es ist nicht nur real, es ist essenziell und unverzichtbar. Viel zu schnell vergessen wir diese unsichtbare Form der Ernährung und beachten sie in unserem Alltag so gut wie gar nicht. Um unser Bild von unserer Ernährung zu komplettieren, fügen wir diese unsichtbare und wichtigste Nahrungsform hinzu.

Vielleicht ein kurzer Punkt vorweg: Wir werden nicht in die tiefste Tiefe dieses Themas eintauchen können, so faszinierend und wichtig es auch sein mag. Wer will – und ich kann dazu nur ermutigen –, der sollte sich ausführlicher mit Atmen und dem Atem beschäftigen. Später werde ich noch einige sehr wichtige Punkte über die Atmung erläutern. Im Moment aber wollen wir es dabei belassen, uns erste Anregungen zu holen und vor allem unser Bewusstsein dafür zu schärfen, dass der Atem für uns nicht weniger entscheidend ist als das, was wir normalerweise unter »Nahrung« verstehen, im Gegenteil. Und so wird es auch bei den nächsten »Nahrungsmitteln« sein. Uns geht es hier im Moment um ein ganzheitliches Bild und die Bewusstseinsbildung. Denn schon allein damit und mit kleinen Anpassungen können wir Quick-Wins erzielen, die unser Leben direkt besser machen und uns kaum Anstrengung kosten. Gerade weil diese Elemente sowieso schon in unserem Leben sind.

Zurück zu den Quellen

Neben der noch feinstofflicheren Nahrung ist für uns eine weitere Kategorie essenziell, die wir geistige Nahrung nennen wollen. »Der Mensch lebt nicht vom Brot allein«, heißt es schon sehr treffend in der Bibel. Wir ernähren uns auch von Gedanken und Emotionen, die sich nicht nur auf unseren Geist, sondern ebenfalls – und zwar sehr fundamental – auf unseren Körper auswirken. In letzter Zeit wird sehr viel und immer mehr zu diesem Thema geforscht, und man hat herausgefunden, dass all die Gedanken und Emotionen, die unsere innere Welt bilden, unsere äußere Realität widerspiegeln. »Wie innen, so außen«, so heißt es in den jahrtausendalten Weisheitsbüchern der Religionen. Oder: »Der Körper ist ein Spiegel der Seele.«

Letztlich könnten wir diese geistige Nahrung mit einem Begriff zusammenbringen, der heute entweder gar nicht mehr oder nur sehr eingeschränkt verstanden wird. Ich meine den Begriff »Religion«, dessen eigentliche Bedeutung den meisten von uns verschlossen ist. Heutzutage verstehen viele darunter lediglich eine bestimmte Glaubensrichtung, die wiederum in verschiedene Ausformungen, Konfessionen und so weiter unterteilt ist. Versteht man Religion in dieser Weise, dann ist damit ein ständiges Sich-Vergleichen verbunden, ein Sich-Trennen, Unterscheiden, Absondern, womöglich sogar ein Verurteilen der anderen, die nicht der eigenen Glaubensrichtung angehören.

Und so erzeugt dieser Begriff und die damit verbundene konkrete Praxis leider oft das genaue Gegenteil dessen, wofür Religion eigentlich bestimmt ist. Das Wort »re-ligio« ist ein altes lateinisches Wort, dessen ursprüngliche Bedeutung sich folgendermaßen herleiten lässt: »re« bedeutet so viel wie »zurück« und »legare« so viel wie »verbinden«. »Religion«, das ist also eine Art von »zurück und verbinden«, eine Rückverbindung an etwas oder jemanden. Religiös sein bedeutet in diesem Sinne, dass wir uns zu und mit unserem Ursprung zurückverbinden, dass wir zurückkehren zu der Energie, von der wir kommen und aus der wir stammen. Diese Energie ist nicht in Worte zu fassen. Dieser Ursprung des Menschen liegt im Unsichtbaren, er ist mit unseren äußeren Sinnen nicht greifbar. Wir könnten deshalb, bei allen unvermeidbaren Unschärfen, für uns definieren: Unser Leben, unser Körper werden von innen her kreiert. Oder, um es in unserer industriell geprägten Sprache wiederzugeben: Wir wurden von innen gebaut. Deshalb ist es sehr wichtig, dass wir uns nach innen richten und diese verborgene Quelle der Kraft finden, und ebenso entscheidend ist, dass wir immer wieder versuchen, uns mit ihr zu verbinden. Nicht nur einmal, sondern immer wieder aufs Neue. Wir müssen zu unseren Quellen finden, ein Leben lang. Und wir werden erfahren: Im Laufe unserer Zeit auf Erden werden wir neue Quellen entdecken, wir werden es möglicherweise auch erleben, dass andere Quellen versiegen, aber das Leben ist ein permanentes Zurückgehen zu unseren Quellen – und somit nach vorne.

Das Schöne an dieser Botschaft: Diese Quellen sind da. Sie sind nichts Fernes und Unerreichbares. Die Quellen waren immer da, und sie werden immer da sein, wir müssen uns nur auf sie ausrichten. Oder, um es im Bild unseres Ernährungsthemas auszudrücken: Wir müssen unseren Speiseplan neu definieren, wir müssen es uns erlauben, andere Nahrungsmittel aufzunehmen. Nahrungsmittel, die jeder und jedem von uns zur Verfügung stehen. Wir müssen nicht darauf warten, und wir brauchen auch keinen speziellen Lieferservice. Es ist angerichtet. Alles, was wir tun müssen, ist, den Weg zu entdecken, ihn kennenzulernen – und loszulegen. Diese Botschaft vermitteln die Weisheiten und Philosophien der großer Meister. Aus ganz unterschiedlichen Richtungen, verschiedenen Kulturen, aus den unterschiedlichsten Zeiten und mit ganz eigenen Worten deuten sie darauf. Wobei sie bei allen Unterschieden immer auf das gleiche Ziel und den gleichen Weg dorthin hinweisen. Auf den Weg zu unserer inneren Welt, zu unseren Gedanken und Emotionen. Diese wollen wir in unser Ernährungskonzept aufnehmen, damit wir uns im doppelten Sinne »bewusster« ernähren.

Licht des Lebens

Ein letzter Bestandteil der Nahrung, auf den wir am Ende dieses Kapitels nur sehr kurz eingehen können, ist das Licht. Die Sonne. Bei Obst und Gemüse wissen wir, dass die Vitamine sich entfalten, was ohne Licht und Wasser unmöglich wäre. Wenn es keine Pflanzen gäbe, hätte dies schwerwiegende Auswirkungen auf das gesamte Ökosystem der Erde. Pflanzen spielen eine entscheidende Rolle für das Überleben und die Aufrechterhaltung des Lebens auf unserem Planeten. Hier einige mögliche Auswirkungen für den Fall, dass es keine Pflanzen geben würde:

1. Keine Sauerstoffproduktion: Pflanzen sind für die Photosynthese verantwortlich, bei der sie Kohlendioxid aufnehmen und Sauerstoff freisetzen. Ohne Pflanzen würde die Sauerstoffproduktion drastisch abnehmen, was für die meisten Lebewesen auf der Erde, einschließlich uns Menschen, lebensbedrohlich wäre.
2. Nahrungsketten und Ökosysteme: Pflanzen dienen als Grundlage für Nahrungsketten und Ökosysteme. Sie sind die primären Produzenten, die Energie aus Sonnenlicht gewinnen und diese Energie an andere Organismen weitergeben. Ohne Pflanzen würde die Nahrungskette zusammenbrechen.

Dies sind nur einige der vielen Auswirkungen, die ein Fehlen der Pflanzenwelt nach sich ziehen würde. Und wie gesagt: Damit Pflanzen existieren können, braucht es Licht. Es ist wichtig zu verstehen, dass dieses Sonnenlicht für das Überleben und die Aufrechterhaltung der gesamten Erde von größter Bedeutung ist. Deshalb gehört auch Licht dazu, wenn wir umfassend und neu über Nahrung sprechen.

Wir sehen: »Nahrung« ist ein sehr komplexes Feld. Aus einem großen Thema der festen Nahrung wird ein noch viel größeres Thema. Ein erster Schritt: Stellen wir uns beim nächsten Mal, wenn wir über Nahrung oder Ernährung sprechen, genau das vor. Fragen wir uns: »Wie atme ich?«, »Welche Qualität hat die Luft, die ich einatme?« Hören wir auf unseren Atem. Fragen wir uns auch: »Welche Qualität hat das Wasser, das ich trinke?« Und: »Wie trinke ich Wasser?« Hören wir in uns hinein und fragen uns, von welchen Gedanken und Emotionen wir uns ernähren. Was denke und fühle ich beim Essen und Trinken? Forschen wir nach: »Wie fühle ich mich selbst und wie denke ich, allgemein? Der Mensch hat in den letzten Jahrzehnten die feste Nahrung weitgehend und tiefgründig erforscht. Aber bleiben wir nicht dabei stehen. Und noch eines: Wir alle sind ähnlich, aber dennoch verschieden. Was für den einen gut ist, muss nicht dasselbe für den anderen sein. So wie es Unverträglichkeiten gibt, wird nicht jedes Nahrungsmittel unserer geistigen Nahrung für jede und jeden gleich passend sein. Das wäre so, als würden wir sagen, die Schuhgröße 45 ist die perfekte Größe, und zwar für alle, unabhängig von den Füßen. Jede und jeder muss sein eigenes Schuhwerk finden, muss es anpassen, ein gutes Gefühl darin entwickeln. Genauso wie wir nur durch Ausprobieren zu unserem Ernährungsplan kommen. Dem Ernährungsplan für unser Leben.

Sei Wasser

Wir haben bereits gesehen: Zu jedem der Grundnahrungsmittel, die wir hier ansprechen, könnte man eigene Bücher schreiben. Da macht auch das Nahrungsmittel, dem wir uns jetzt näher zuwenden, keine Ausnahme. Die Rede ist von Wasser. Deshalb zum Start zuerst einmal eine simple Frage: Was fällt uns ein, wenn wir an Wasser denken?

Lassen wir uns ruhig etwas Zeit, und lassen wir unsere Gedanken fließen. Bestimmt formt sich vor unserem geistigen Auge sehr schnell eine ganze Reihe von Dingen: Wir denken an die Ozeane, an die Flüsse und Seen, wir denken an Trinkwasser. Und wenn wir etwas länger nachdenken, kommen wir darauf, dass Wasser weit mehr ist: Unser Leben entsteht im Wasser, in der Fruchtblase wächst das Baby heran. Das Fruchtwasser hat eine Vielzahl überlebenswichtiger Funktionen, es schützt das Kind, reguliert die Temperatur und ist bei der Entwicklung aller unserer Organe von größter Bedeutung. Ein Baby besteht über 90 Prozent aus Wasser, später im Erwachsenenalter liegt der Anteil des Wassers bei über 60 Prozent, der größte Teil unseres Körpers ist also Wasser. Wir trinken jeden Tag im Durchschnitt zwei bis drei Liter Wasser oder sollten es zumindest tun. Wir waschen uns mit Wasser, wir reinigen Gegenstände und Materialien mit Wasser.

Die Bedeutung, die dem Wasser in unserem Leben zukommt, kann also gar nicht genug betont werden. Es ist essenziell für unser Überleben und für das reibungslose Funktionieren unseres Körpers. Eine ausreichende Flüssigkeitszufuhr ist notwendig, um eine optimale Gesundheit und Leistungsfähigkeit zu gewährleisten. Und es ist wichtig, regelmäßig Wasser zu trinken, um eine ausreichende Hydrierung sicherzustellen.

Hier nur einige der lebenswichtigsten Funktionen von Wasser in unserem Körper:

1. Flüssigkeitshaushalt: Wasser hilft, den Flüssigkeitshaushalt unseres Körpers auszugleichen. Es reguliert den Wasserhaushalt, unterstützt den Transport von Nährstoffen und Sauerstoff zu den Zellen und ermöglicht die Beseitigung von Abfallstoffen.
2. Temperaturregulierung: Wasser hilft, die Körpertemperatur zu regulieren. Beim Schwitzen kühlt der Körper ab, da Schweiß verdunstet und unserem Körper Wärme entzieht.
3. Verdauung und Stoffwechsel: Wasser spielt eine wichtige Rolle bei der Verdauung von Nahrung und der Aufnahme von Nährstoffen. Es unterstützt den Stoffwechselprozess und hilft bei der Ausscheidung von Abfallstoffen.
4. Gelenkschutz: Wasser dient als Schmiermittel für die Gelenke und ermöglicht eine reibungslose Bewegung. Es wirkt auch als Stoßdämpfer und schützt die Knochen und Organe vor Verletzungen.
5. Haut: Ausreichende Flüssigkeitszufuhr ist wichtig für eine gesunde Haut. Das Wasser hilft, die Haut mit Feuchtigkeit zu versorgen, sie elastisch zu halten und das Auftreten von Falten zu reduzieren.
6. Gehirnfunktion: Wasser spielt eine wichtige Rolle dabei, dass unser Gehirn mit all seinen wunderbaren und faszinierenden Prozessen funktioniert. Wasser unterstützt beispielsweise die Übertragung von Nervensignalen, erhöht die Konzentration und Aufmerksamkeit und kann die kognitive Leistungsfähigkeit verbessern.

Allein diese wenigen Punkte reichen aus, um uns klarzumachen, wie und weshalb es so wichtig ist, ausreichend Wasser zu trinken – natürlich unterschiedlich viel je nach Geschlecht, Alter, Größe, Gewicht und Aktivität. Während wir im Büroalltag oder bei einem gemütlichen Wochenende auf dem Sofa eher nur drei Liter brauchen, kann der Bedarf bei einem anstrengenden Training oder einem ausgedehnten Hike im Sommer locker auf vier bis fünf Liter steigen.

Das mysteriöse Element

Die Bedeutung von Wasser für unsere physische Gesundheit dürfte also relativ offensichtlich sein. Aber das ist noch nicht alles. Lass uns noch mehr über dieses mysteriöse Element herausfinden. Warum soll Wasser »mysteriös« sein? Zuerst einmal liegt das am Element Wasser selbst. So kann die Forschung beispielsweise bis heute nicht bis ins Letzte erklären, weshalb und wie genau Wasser zu Eis werden, wie es flüssige oder gasförmige Zustände annehmen kann. Und noch etwas: Wie japanische Wissenschaftler herausgefunden haben, verfügt Wasser über eine eigene Intelligenz. Das heißt: Wasser reagiert auf Gedanken und Emotionen, auf Musik, auf Bilder und Frequenzen. Zu diesem Thema empfehle ich sehr den Dokumentarfilm *Water – Die geheime Macht des Wassers* der Regisseurin Juliya Perkul. Ich weiß, dass viele Forscher Masaru Emoto, um den es in dieser Doku maßgeblich geht und der als Pionier auf dem Gebiet des »Wassergedächtnisses« gilt, für seine Experimente und Erkenntnisse belächeln und seine Methoden als unwissenschaftlich ablehnen. Und dennoch lohnt es sich, sich dem Mysterium Wasser nicht nur auf die herkömmliche Art und Weise zu nähern. Denn die empirische Wissenschaft allein kann das Geheimnis des Wassers nicht bis ins letzte Detail ausleuchten, zumindest Stand heute.

Lasst uns jetzt aber einen Sprung noch tiefer hinein in das Geheimnis des Wassers wagen. »Wasser ist Leben«, so lautet eine bekannte Weisheit. Ja, Wasser ist Leben. Aber nicht nur jenes Wasser, dessen zahlreiche Funktionen und Erscheinungsweisen wir gerade beschrieben haben. Mindestens ebenso elementar sind unsere inneren Quellen, die wir im Laufe dieses Buchs noch weiter entdecken werden.

Dazu ein Gedanke vorab, den ich sehr oft am Anfang meines Coachings oder meiner Seminare in den Raum werfe: Wir duschen uns regelmäßig. Nicht nur, um uns zu waschen, sondern weil beispielsweise eine heiße Dusche nach einem langen Tag den Stress wegwäscht oder eine kalte Dusche am Morgen unsere Lebensgeister weckt. Aber warum waschen und »reinigen« wir uns eigentlich nicht öfter innerlich? Wenn unser Inneres unser Äußeres prägt, wenn es das Äußere sogar kreiert, wie wir später sehen werden: Warum sollten wir dann nicht auch innerlich Wasser nutzen, um uns zu »reinigen«? Alle Kulturen unserer Erde kennen Wasser-Reinigungs-Zeremonien. Auf Bali wandern die Menschen in einem Wassergraben an elf Götterstatuen vorbei, reinigen Mund, Haare und ihren Körper mit Wasser und symbolisieren damit die innere Reinigung. In Japan verbrachte ich einmal eine Zeit in einem Kloster, einem alten Zen-Kloster in Kyoto. Dort reinigte ich die Hände mit einem Holzlöffel, erst die linke Hand, dann die rechte Hand, dann die Augen und so weiter. Das hatte ein solche Intensität, es war eine beeindruckende und prägende »Zeremonie« und für mich eine wunderbare Erfahrung. Ich spürte: Da war mehr als nur das Ritual in seinen bloßen Abläufen. Da fand etwas statt, was über das äußere Übergießen mit Wasser hinausreichte. Ich wurde nicht nur einfach »nass« …

Fließende Energie

Dass Wasser in all seinen Bedeutungen für mich selbst extrem wichtig ist, dürfte spätestens jetzt offensichtlich sein. Wasser steckt in dem Namen, den ich für mich gewählt habe und der mich seither begleitet. Meine Faszination für Wasser hat schon vor Jahrzehnten begonnen und ist seitdem permanent gewachsen. Ich bin im wahrsten Sinne des Wortes eingetaucht in dieses Element, ich fühle mich dort so wohl wie der sprichwörtliche Fisch. Sehr früh schon habe ich angefangen, Bücher zu lesen, darunter etliche über den Taoismus. Gerade in Büchern über die Kampfkunst wird immer wieder über den Taoismus geschrieben, man lässt Prinzipien daraus einfließen, selbst wenn es nicht in erster Linie um den Taoismus an sich geht. Taoismus ist fließende Energie, Veränderung, Anpassungsfähigkeit, Flexibilität. Das alles sind Bestandteile, die man sich im Sport, in der Kampfkunst, aber eben auch in der Arena des Alltags zum Vorbild nimmt und anwenden kann. Und Anpassungsfähigkeit, Veränderung, Flexibilität, all das sind eben auch Attribute des Wassers.

Wasser schlängelt sich durch engste Schluchten, es macht sich in riesigen Flussbetten weit und breit, Wasser kann leise sein und laut, es findet immer wieder seinen Weg, verschwindet scheinbar und taucht plötzlich wieder auf. Wasser kann tröpfeln, es kann langsam und träge und auf den ersten Blick ohne große Kraft erscheinen, und doch arbeitet es kontinuierlich und erreicht dadurch eine enorme Wirkung. Oder es kann über dich hinwegbrechen und mit seiner enormen Power alles mitreißen. Wasser hat unfassbar viele Gestalten, es ist anpassungsfähig und sehr wandelbar.

Und so wie sich Wasser perfekt anpasst, kann auch ich mich geistig, aber auch körperlich an verschiedene Situationen anpassen. Ein konkretes Beispiel: Ich habe Probleme mit einer Arbeitskollegin, mit der ich nicht so gut kann. Was soll ich tun? Wie Wasser sein. Ich kann das Problem gewissermaßen umfließen. Ich beschäftige mich nicht direkt mit dem Problem, ich gehe einfach weiter, gehe mit der Zeit. Wie der Fluss, so ist auch die Zeit, und ich fließe mit, lasse mich treiben und umfließe geschmeidig das Problem. Ich gehe der Kollegin aus dem Weg, wenn nötig, aber lasse mich nicht von meinem eigenen Weg abbringen. Ich umfließe sie, aber ich fließe weiter voran.

Eine Frage, die meine Klienten häufig an mich herantragen: Wie können wir entscheiden, ob es Zeit für das Umfließen ist oder ob wir das Problem nicht besser wegräumen sollen? Einfache Antwort: Wir setzen uns für fünf bis zehn Minuten in der Stille hin und versetzen uns so gut es geht in das Problem hinein. Im Geist fühlen wir dem Umfließen und dem Wegräumen nach, wir spielen beide Optionen in unseren Gedanken durch und beobachten uns dabei innerlich: Wie fühlt sich das an? Beides können wir in unserem Geist vorleben. Dazu brauchen wir ein bisschen Übung und die Techniken der Imagination oder Visualisierung, die wir später näher betrachten werden. Wenn ich diese Techniken erlernt habe und anwende, dann spüre ich irgendwann in meinem Körper eine Antwort, eine Form von Gefühl. Dieses Gefühl sagt mir, was für mich in diesem Moment besser ist. Es sagt mir, dass es sich heute richtig anfühlt, durch die Angst hindurchzugehen und mich dem Problem zu stellen. Oder ich spüre: »Oh, das interessiert mich gar nicht. Sollen die doch machen, was sie wollen, ich fließe hier lang. Ich gebe da keine Energie hinein.« Beide Antworten können richtig sein, und es ist an mir, mir die Zeit zu nehmen, um auf die Antworten, um auf meinen inneren Fluss zu lauschen.

Eine kleine Einschränkung: Das Umfließen funktioniert vor allem bei Problemen, für die ich etwas Zeit habe. Was aber, wenn etwas akut ist und mich richtig stört? Dann höre ich in mich hinein, achte auf meine Energie, spüre vielleicht, wie aufgeladen und voller Kraft ich gerade bin. Vielleicht ist in diesem Moment der richtige Zeitpunkt erreicht, an dem ich sage: Ich durchbreche jetzt dieses Problem. Dann gehe ich in meine Angst hinein oder ich gehe in ein Problem hinein und löse es auf die andere Art und Weise. Manchmal vielleicht mit mehr Widerstand und mit mehr Reibung oder auch mit mehr Schmerzen, aber dann ist es einfach der Weg, der in diesem Augenblick der schnellste und der beste ist.

Ob umfließen oder aus dem Weg räumen: Wie das Wasser habe auch ich unzählige Möglichkeiten, auf Probleme oder verschiedene Situationen zu antworten. Bruce Lee hat das in einem berühmten Zitat einmal so ausgedrückt: »Be water, my friend.« In der längeren Form lautet dieses Zitat: »Empty your mind, be formless, shapeless — like water. Now you put water in a cup, it becomes the cup; you put water into a bottle, it becomes the bottle; you put it in a teapot, it becomes the teapot. Now water can flow or it can crash. Be water, my friend.« (»Leere deinen Geist, sei formlos, gestaltlos – wie Wasser. Wenn du jetzt Wasser in eine Tasse gibst, wird es zur Tasse; wenn du Wasser in eine Flasche gibst, wird es zur Flasche; wenn du es in eine Teekanne gibst, wird es zur Teekanne. Nun kann Wasser fließen oder es kann krachen. Sei Wasser, mein

Freund.«) Bruce Lee hat übrigens Psychologie und Philosophie studiert, zuvor hatte er von seinem Wing Chun Kung Fu-Großmeister Yip Man sehr viel beigebracht bekommen – all das drückt sich in diesem Zitat aus.

Geh aus dir heraus

Für mich waren und sind Bruce Lee und sein Zitat eine Inspiration. Ich habe mir früh das Bild vom Fluss und das vom Flow zum Vorbild genommen. Erst in der Kampfkunst, später dann für mein gesamtes Leben, für meinen ganzen Alltag. Ich erinnere mich in diesem Zusammenhang an ein Erlebnis, das ich mit etwa vierzehn Jahren hatte. Ich hatte in einem Verein Kampfsport gemacht, hauptsächlich Jiu-Jitsu, allerdings auch Trainingseinheiten mit Tritten oder Schlägen. Was das mit Wasser zu tun hat? Ich war damals einer der Jüngsten und obendrein auch noch ziemlich schlacksig, und ich musste meist mit Älteren, Schwereren und weiter Fortgeschrittenen trainieren. Natürlich habe ich bei den Kämpfen sehr häufig verloren.

Irgendwann aber habe ich in einem ganz alten Kampfkunstbuch einen Ratschlag gelesen, wie wir uns im Training – und im Leben! – einiges erleichtern können: Wir sollen versuchen, uns selbst zu beobachten. Wir sollen aus uns herausgehen und uns, wenn man so will, von oben zuschauen. Als befänden wir uns gar nicht in diesem Körper, der da gerade kämpft oder arbeitet oder was auch immer tut. Witzigerweise kann Wasser ja auch gasförmig werden, es kann nach oben verdunsten und eine andere Perspektive einnehmen.

Ich verinnerlichte diesen Rat und versuchte unablässig, ihn umzusetzen. Und irgendwann gelang es mir tatsächlich, diese Form des Aus-mir-heraus-Gehens zu erreichen. Damals nahm ich mir also vor, mich beim nächsten Sparring, so nennt man einen Trainingskampf, von außen zu beobachten. Ich versuchte, mich nicht zu verkrampfen, nicht alles mit Kraft und Schnelligkeit zu erreichen, sondern mir zuzuschauen und einfach zu sein, zu fließen. Das Ergebnis war der Wahnsinn! Obwohl ich mit jemandem kämpfte, der eigentlich hätte besser sein sollen, war ich überlegen. Ich war völlig frei im Geist, so wie Wasser, wenn es frei fließt.

Dieses Gefühl und diesen Tag habe ich nie vergessen. Von da an habe ich immer öfter und immer intensiver versucht, aus mir herauszugehen und zu fließen: einfach da zu sein, es geschehen zu lassen, dem Moment zu gehören. Und so ist es heute immer noch, wobei ich heute dieses Heraustreten nicht mehr in den äußeren Kämpfen betreibe, sondern in jenen inneren, die wir tagtäglich zu bestreiten haben. Wenn in mir dieser oder jener Gedanke erwächst, der mich stört und der, so gesehen, mein Gegner ist, dann frage ich mich: Wie würde das Wasser jetzt darauf antworten? Und dann stelle ich sie mir genau vor, diese sogenannten Gegner, die ja immer unsere eigenen Sorgen, Zweifel und Ängste oder auch unsere Wut oder Trauer sind, und ich male mir metaphorisch meinen inneren Zweikampf aus.

Wie kann das konkret aussehen? Ein sehr alltägliches Beispiel: Wir haben einen wichtigen Termin. Es könnte sich um einen Auftritt vor vielen Menschen handeln, um ein Vorstellungsgespräch oder ein Treffen mit einer alten Freundin, die wir lange nicht gesehen haben. Wir sind innerlich aufgewühlt und uns kommen urplötzlich Gedanken, die darum kreisen, dass wir in diesem wichtigen Moment vielleicht etwas falsch machen könnten. Genau in diesem Augenblick sollten wir aufmerksam genug sein und uns bei diesem Gedankenvorgang ertappen. Und jetzt: Jetzt stoppen wir diesen Gedankenvorgang und damit uns selbst. Wir lehnen uns für zwei bis drei Minuten zurück und stellen uns vor, dass diese Gedanken wie Blockaden oder Hürden auf der Straße stehen, dass sie uns stören und uns auf dem Weg zu unserem Ziel hindern. Wir stellen uns das so konkret wie möglich vor. Und dann stellen wir uns noch etwas vor: Wasser, das heranfließt. Wir sehen vor unserem geistigen Auge dieses Wasser, wie es näher und näher kommt – und dass es sich von keiner Blockade oder Hürde aufhalten lässt. Das Wasser schert sich nicht um sie. Es umfließt Blockade um Blockade, Hürde um Hürde, und fließt immer weiter dem Ziel entgegen.

Haben wir das einmal begriffen, dann können wir uns in diese innere oder weiche Methode des Wassers einüben. Wir können die Fähigkeit üben, wie Wasser zu sein. Das Innere beeinflusst immer das Äußere. Bin ich in meiner inneren Energie im Fluss, dann werde ich auch in meiner äußeren Energie im Fluss sein. Und das wird sich auch im Außen widerspiegeln. Es gibt sehr gute Übungen dazu, Übungen für den heutigen modernen Menschen, der nicht so viel Geduld hat wie der Mensch früher. Meditation in Bewegung, eine vereinfachte Form von Qigong und Tai Chi, kombiniert mit Atemübungen, die dem Menschen helfen, in seinen Fluss zu kommen.

Das Weiche besiegt das Harte

Wir Menschen können wirklich eins zu eins wie Wasser sein. Wir sehen Quellen und wir sehen Wasserfälle und wir sehen uns. Wir beobachten aufschlagende Wellen und tiefe Ozeane, und wir beobachten uns selbst. Wenn wir uns mit dem Auto mal wieder in einem Stau befinden, können wir wie das Wasser einfach geduldig sein. Wie das Wasser geduldig da ist und in dem Moment, in dem die Sonne kommt, hochgesogen wird und als Wolke weiterfliegt. Wenn Wasser versickert und scheinbar verschwindet, dann fließt es entweder unterirdisch weiter oder nimmt eine andere Form an, die Form eines Baumstamms zum Beispiel. Wasser findet immer seinen Weg, und so können auch wir immer unseren Weg finden. Wir brauchen Zeiten der Aktion, der Schnelligkeit, aber auch Zeiten der Ruhe und Geduld. Wir müssen herausfinden, was wir gerade brauchen, Aktion oder Geduld.

Mir hilft dabei eine einfache alte griechische Weisheit: »Panta rhei«, das bedeutet übersetzt so viel wie: »Alles fließt.« Diese Erkenntnis soll vom Philosophen Heraklit stammen, und ich verbinde damit die Überzeugung, dass alles Veränderung ist. Wir können nicht, wie es so schön heißt, zweimal in denselben Fluss steigen. Es gibt nichts, was stehenbleibt. Wir denken, es bleibt stehen, aber es bleibt nicht stehen. Das Einzige, was sich nicht verändert, ist die Veränderung. Nie ist etwas gleich. Auch wir Menschen verändern uns unablässig, Sekunde um Sekunde sind wir einen Moment älter, einen Moment reifer, einen Moment wissender geworden. Jeder Moment kommt und jeder Moment geht. Wir sind eine Zeit hier auf der Erde, und die Zeit geht nur vorwärts. Und die Zeit ist dem Fluss ähnlich, der sich immer nur vorwärts bewegt. Für uns steckt darin eine beruhigende Botschaft: Alles verändert sich, also auch unsere Probleme. Alles fließt, selbst in scheinbar ausweglosen Situationen. Es gibt kein Problem, das nicht vergeht. Es gibt kein Problem, das wir nicht lösen können, ob wir es nun umfließen oder aus dem Weg räumen.

Ein bekanntes Sprichwort zum Abschluss: »Where attention goes, energy flows«, heißt es. Dieses Sprichwort drückt ein anderes Wasserprinzip aus, das wir nutzen können. Die

Kraft geht dorthin, wo wir hindenken. Je mehr wir unsere Aufmerksamkeit in eine Richtung lenken, desto mehr Energie fließt dorthin. Das beinhaltet erst einmal noch keine Bewertung, es kann ebenso positiv wie negativ sein. Negativ, um im obigen Beispiel zu bleiben, wenn wir uns nur auf das Problem an sich fokussieren. Wir geben all unsere Energie in das Problem und merken, wie wir langsam erstarren, wie wir nicht mehr wie Wasser fließen. Wenden wir dagegen das an, was wir gelernt haben, lassen wir also unsere Energie nicht so sehr auf das Problem an sich, sondern auf die Lösung fließen, dann kommen wir wieder in Fluss. Und so hilft uns Wasser als äußeres und inneres Nahrungsmittel, als physisches und geistiges, nicht nur innerlich flexibel und anpassungsfähig zu bleiben, es unterstützt uns auch dabei, Flexibilität in Kraft zu verwandeln.

An dieser Stelle eine legendäre Weisheit von Lao Tse, dem Begründer des Taoismus: »Auf der Welt gibt es nichts, was weicher und dünner wäre als das Wasser. Doch um Hartes und Starres zu bezwingen, kommt nichts diesem gleich. Dass das Schwache das Starke besiegt, das Harte dem Weichen unterliegt, jeder weiß es, doch keiner handelt danach.« In Kampfkünsten wie Jiu Jitsu, Aikido oder Judo ist dieses Prinzip zentral. Das Weiche kann immer das Harte besiegen. Und das gilt nicht nur für den Kampfsport, sondern für unser ganzes Leben, wie wir oben gesehen haben. Die Kraft der Weichheit und die Stärke der Flexibilität können unseren Alltag als Grundprinzipien bereichern und uns helfen, im inneren Flow zu bleiben. »Judo« bedeutet aus dem Japanischen übersetzt sogar so viel wie der weiche Weg – wir machen uns von diesem Kapitel aus auf unseren weichen Weg, den Weg des Wassers.

Um dieses spannende Kapitel abzurunden, liebe Leserin oder lieber Leser, hier ein kleines Ritual, das du jederzeit in deinen Alltag integrieren kannst:

Wenn du das nächste Mal Wasser trinkst, halte kurz inne. Mach dir bewusst, wie lebenswichtig dein Wasser ist. Stell dir vor, wie du dich freust, wenn dein Lieblingsgericht auf deinem Teller ist oder dein Lieblingsgetränk vor dir steht. Und genau mit diesem Freudegefühl und mit dieser Dankbarkeit kannst du dieses Wasser betrachten. Zu schnell und leicht nehmen wir Wasser als »normal« oder »gewöhnlich« hin und rauben so diesem kostbaren Element seine Kraft. Wasser trinken darf nicht normal sein, sondern ist Luxus und sehr wertvoll.

Jetzt, nachdem du dein Lieblingsgetränk betrachtet hast, das kurze und effektive Trinkritual, am besten gleich am Morgen:

1. Schenk dein Wasser in ein Glas. Ich selbst nutze eine Karaffe und ein bleifreies Energieglas mit einer eingravierten Blume des Lebens. Es gibt viele gute verschiedene Karaffen und Gläser, je nach Belieben und Geschmack.
2. Nimm jetzt deine Hände vor die Brust. Reibe die Handflächen für ungefähr zehn bis fünfzehn Sekunden. Halte und spüre die Wärme für einige Sekunden.
3. Nimm das Glas mit beiden Händen, als wolltest du es umarmen. Führe es vor deine Augen. Dann atme einmal tief ein und aus.
4. Schließ die Augen und führe das Glas zu deinem Mund und trinke langsam und ganz bewusst.
5. Folge, so gut du kannst, dem Weg des Wassers: wie es in deinen Körper hineinfließt und deinen Körper mit Lebens-

kraft erfüllt. Wie es dich reinigt und gleichzeitig alle Organe aktiviert.
6. Nach dem Trinken sage zu dir innerlich und lautlos: DANKE.

Solltest du nicht daheim oder im Büro sein, sondern unterwegs – kein Problem: Du kannst das Ritual ähnlich und leicht abgeändert für dich vollziehen, so wie es in dem Moment gerade passt. Und selbst wenn du das Ritual nicht exakt so körperlich nachvollziehst, kannst du doch mit der gleichen Bewusstheit trinken. Dieses einfache und doch sehr effektive Ritual wird sich bemerkbar machen.

Warum das Ganze? Dein JETZT-MOMENT wird dadurch trainiert, und du führst dem Wasser Energie zu. Durch deine Gedanken und Emotionen, welche mit der Zeit stärker und zielgerichteter werden, steigt auch deine Konzentration und somit auch die Energie des Wassers.

Ich wünsche dir ein gutes Wassertrinken. Sei Wasser …

Inspiration: Das Geheimnis eines vergessenen Elements

Wir in der heutigen Zeit haben eine unsichtbare Form der Nahrung völlig vergessen, wir missachten sie, zumindest die meisten von uns. Warum? Weil sie nicht sichtbar ist und weil sie uns als selbstverständlich erscheint. Uns geht es damit ein bisschen wie mit einer Beziehung, die schon immer da war und unser gesamtes Leben prägt. Und weil sie immer da war, erachten wir sie als selbstverständlich und haben vergessen, wie kostbar sie eigentlich ist. Die Rede ist von dem Element Luft.

Luft ist überall um uns herum und auch in uns, wir leben gewissermaßen in ihr. Vielleicht ist das der Grund, weshalb wir sie manchmal einfach vergessen, wenn es um unsere Grundnahrungs- oder unser Grundlebensmittel geht. Klar und verständlich wird das, wenn wir einmal an Orten waren, an denen die Luft im wahrsten Sinne des Wortes verpestet ist. Ich habe das auf meinen Reisen immer wieder erlebt, zum Beispiel in Asien. Einmal war ich Indien zu einem Seminar eingeladen, untergebracht hatte man mich in einem Hotel in Delhi. Mein Zimmer lag irgendwo im zehnten oder elften Stock. Ich wollte das Fenster öffnen und bemerkte auf einmal, wie dick und schmutzig die Luft war. Ich hätte sie fast schneiden können. So schmutzig, so schlecht war die Luftqualität, dass ich das Fenster nicht offen lassen konnte. Zehn Tage verbrachte ich in Delhi in diesem Hotel, und danach war der Begriff »Luftqualität« nicht mehr nur ein Wort für mich. Ich begann mehr über die Situation in Indien zu lesen und fand heraus, wie viele Menschen jährlich wegen der Luftverschmutzung sterben, je nach Studien zwischen einer und 1,5 Millionen Menschen. Jedes Jahr! Ich dachte an zu Hause, wie ich in unserem schönen Wald meine Runden drehen kann, und war zutiefst dankbar.

Göttlicher Atem

So simpel es auch erscheinen mag: Wir lernen die Luft oft erst dann zu schätzen, wenn sie uns im übertragenen, aber auch im wahrsten Sinne des Wortes wegbleibt. Überhaupt ist die deutsche Sprache voll von Wendungen, die die Bedeutung von Luft ausdrücken: Uns »bleibt die Luft weg« – das hatten wir schon. Aber es gibt noch mehr. Erscheint uns etwas langweilig oder haben wir keine Energie mehr, dann »ist die Luft raus«, zum Beispiel aus einer Beziehung. Ist die Luft aus einer Beziehung raus, dann lebt sie nicht mehr, sie ist tot. Ohne Luft kein Leben. Oder: »Wer den längeren Atem hat, der siegt.«

Der Mensch ist mehr, als er isst: Der Ernährungsplan unseres Lebens

Eng verbunden mit dem Thema Luft als Grundnahrungsmittel ist eines, mit dem ich mich seit vielen, vielen Jahren beschäftige und das bei meinen Coachings und Seminaren zu den zentralen Aspekten gehört: das Thema Atem und Atmen. So wie die Luft uns immer umgibt, so steht der Atem am Anfang jedes Lebens. Wir sagen ja, dass jemand seinen ersten oder seinen letzten Atemzug tut, also geboren wird oder stirbt. Mehr noch: Wir »hauchen« einem oder etwas neues Leben ein. Und wenn jemand stirbt, dann »haucht« er sein Leben aus. Und um es weniger existenziell zu machen: Brauchen wir eine Pause, weil wir viel gearbeitet haben oder eine Menge Stress hatten, dann müssen wir erst einmal »tief durchatmen«. Nervt uns etwas total, dann gehen wir um den Block und atmen tief ein und aus.

Auch unsere Mythen und Religionen sind voll von Erzählungen und Bildern, die auf den Atem anspielen oder ihn in irgendeiner Weise symbolisieren. Im Christentum beispielsweise steht der Atem, so könnte man es deuten, nicht nur am Anfang des Lebens eines jeden Einzelnen, sondern auch am Anfang der Welt überhaupt. So heißt es zu Beginn der Bibel, im ersten Kapitel des Buchs Genesis: »Die Erde war wüst und leer und Finsternis lag über der Urflut und Gottes Geist schwebte über dem Wasser.« Im Lateinischen steht das so geschrieben: »Terra autem erat inanis et vacua, et tenebrae super faciem abyssi, et spiritus Dei ferebatur super aquas.« Was schwebt da über dem Wasser? Bei dem Wort »Geist« der deutschen Übersetzung wird das noch nicht so klar, aber das lateinische »spiritus« kann sowohl mit »Geist« als auch mit »Atem« übersetzt werden. Es ist also der göttliche Atem, der nach christlicher Auffassung noch vor der Schöpfung der Welt existiert.

Mental Shower

Diese Idee eines göttlichen Atem-Geistes, eines Prinzips, das alles umfasst, kennen nicht nur die Christen. Das griechische Äquivalent zu »spiritus« lautet »pneuma«, und unzählige antike Denker haben sich über diesen Weltgeist den Kopf zerbrochen. Sie verstanden das Pneuma als etwas, das den gesamten »Kosmos« durchzieht, ein Begriff, den wir heute noch kennen und auf den wir später noch einmal zu sprechen kommen werden. In den Upanishaden, den heiligen Schriften der Hindus, spielt der Atem ebenfalls eine wichtige Rolle. Der Dichter und Theologe Christian Lehnert zitiert in seinem Buch *Die weggeworfene Leiter* in einem Kapitel über den Atem folgende Passage: »Was Sprache nicht benennen kann / Doch was das Sprechen sprechen läßt / Nur das, so wisse, ist der Urgrund / Nicht das, dem man hier huldigt.« Und: »Was der Atem nicht atmen kann / Wovon der Atem geatmet wird / Nur das, so wisse, ist der Urgrund / Nicht das, dem man hier huldigt.«

Ebenfalls in Asien, vorwiegend im chinesischen Raum, ist der Begriff »Qi« (manchmal auch »Chî«) weit verbreitet. Im Taoismus (auch Daoismus), einer der ältesten Religionen und Philosophien der Welt, die heute vorwiegend in China, aber auch in Vietnam, Korea oder Japan verbreitet ist, ist das Qi von zentraler Bedeutung. Das Qi ist die Energie, die alles durchfließt, der Weltatem von allem und allen. Nicht nur der Mensch atmet, die ganze Welt, der gesamte Kosmos atmet. Im Yoga und Sanskrit wiederum verwendet man das Wort »prana«, was so viel wie »Lebenskraft« bedeutet. Und der Begriff »Pranayama« bedeutet so viel wie das Lenken der Lebenskraft. Unter der Überschrift Pranayama werden hauptsächlich verschiedene Atemtechniken gelehrt. Man wusste schon sehr früh, dass das richtige oder falsche Atmen die Lebenskraft stark beeinflusst. Wenn wir also den Atem vergessen, vergessen wir die Energie und das Lebensprinzip von allem. Was das für uns bedeutet, sehen wir später, und wir lernen, was wir tun können, um diese Lebensenergie in uns fließen zu lassen.

Nasenfaktor: In wenigen Minuten zu mehr Lebensenergie

Ich persönlich habe mich viel mit dem Taoismus beschäftigt. Auf meinen Reisen durch Asien bin ich der Lehre vom Qi begegnet und habe mich davon faszinieren und inspirieren lassen. Und ich habe vor allem schon früh »Chi Qong Taliquan« für mich entdeckt, in Deutschland auch als »Tai Chi« bekannt.

Die Techniken des Chi Qong Tai Chi und die Idee der Lebensenergie, die wir in uns zum Fließen bringen müssen, lehre ich heute immer wieder in meinen Seminaren. Wir üben gemeinsam, wie wir durch Atemtechniken unseren Geist trainieren. Der Atem verfügt über eine direkte Verbindung zur Emotion und auch eine direkte Verbindung zu unseren Gedanken. Alleine durch das Bewusstwerden der Atmung, wie wir ein- und ausatmen, können wir uns augenblicklich in das Hier und Jetzt zurückbringen. In den alten Zeiten der Samurai zum Beispiel haben große Krieger gewusst, wie wichtig die Kontrolle des Geistes ist; sie haben sich deshalb Zen-Meister als Lehrer gesucht. Als einer der größten Krieger galt Miyamoto Musashi, der selbst später auch Zen-Meister wurde. Diese Menschen wussten, dass man, wollte man überleben, im Kampf voll gegenwärtig, voll präsent sein musste. Die Zen-Meister haben diesen Kämpfern zuerst die Technik des bewussten Atems beigebracht und damit die Besänftigung und Beruhigung des Geistes.

Die gleichen Prinzipien wende ich heute an, wenn ich Sportler betreue. Auch sie müssen in Situationen, in denen absoluter Druck herrscht und in denen es zwar nicht buchstäblich, aber im übertragenen Sinne um Leben und Tod geht, voll da sein. Das muss man trainieren und das kann man auch trainieren. Und zwar mit Techniken, die nicht nur für Sportler hilfreich sind, sondern für jede und jeden von uns.

Wir werden später noch praktischer an das Thema herangehen. Eine sehr einfache und effektive Technik will ich aber schon hier vorstellen: das Atemzählen. Das funktioniert so: Wir atmen tief ein und beobachten den Atem. Was macht die Luft? Wie atmen wir ein? In diesem Moment wird uns erst mal bewusst: Dieser Atem ist meine Lebenskraft. Du weißt, ohne diesen Atem überlebst du keine zwei, drei Minuten. In dem Moment, in dem du einatmest, schenkt er deinem ganzen Körper, deinem Organismus Lebenskraft, und das ist unglaublich. Du atmest ein, jede Zelle deines Körpers wird mit Sauerstoff versorgt, so gesehen mit Ernährung. Beobachte einfach einmal, wenn du einatmest, was dieser Atem macht, welchen Weg er geht: wie er durch die Nasenlöcher in deine Lungen findet und dann in deinen Körper.

Versuche, soweit es dir möglich ist, dies allein auf physischer Ebene zu beobachten. Und dabei kannst du dann anfangen zu imaginieren, zu visualisieren, was in deinem Körper vorgeht. Du kannst dir verschiedene Sachen ausmalen: Ich atme Licht ein, mein Körper wird ernährt, bei jedem Einatmen sauge ich Kraft ein, bei jedem Ausatmen schleudere ich Schadstoffe aus, Krafträuber, Energieräuber.

Dann zähle das Ausatmen: Du atmest ein, und bei jedem Ausatmen zählst du, solange du ausatmest, lautlos mit der Zahl Eins. Du atmest wieder tief ein, und dann gehst du zu

Zweeeeiiii – und atmest wieder tief ein und zählst lautlos beim Ausatmen Dreeeiii. Du versuchst das bis zu Zeeeeeeehn. In wenigen Augenblicken wirst du komplett bei dir sein, das Außen existiert nicht mehr, du beschäftigst dich nicht mit unnützen Gedanken. Und wenn die Konzentration nachlässt, passiert das Faszinierende: Du kannst gar nicht mehr sagen, bei welcher Zahl du das Außen verloren hast. War es bei vier, bei fünf oder bei sechs? Wenn du dann wieder bei dir bist, beginnst du wieder bei Eeeeiiiinssss bis Zeeeehnnn …

Diese Methode ist einfach und sehr effektiv. Und sie ist perfekt dafür geeignet, das Sein im Hier und Jetzt zu trainieren. Ich kann aus eigener Erfahrung berichten, dass ich mich am Anfang sehr oft bei sechs, bei sieben verloren habe. Wenn mir das passierte, ging es zurück auf null. Ich trainierte das täglich, immer nur ein paar Minuten. Irgendwann kam ich bis zehn, und ich begann, zwei und später drei und noch mehr Runden zu drehen. Und noch einmal später – aber das ist dann schon etwas für Fortgeschrittene – begann ich damit, mein Einatmen und Ausatmen zu zählen, doch bis ich dorthin kam, dauerte es.

Für den Beginn reicht das einfache Atemzählen, und viele Menschen, die ich unterrichtet habe und die meine Seminare besuchten, konnten damit sehr schnell sehr positive Erfahrungen machen. Und ich rede hier nicht nur von Sportlern, sondern von Leuten aus allen Bereichen des Lebens.

Ein wichtiges Detail vielleicht noch: Wir sollten immer durch die Nase atmen. Wir haben die Nase zum Atmen. Darüber kannst du, wenn es dich interessiert, viele und unglaublich faszinierende Dinge entdecken. Hier reicht es zu verinnerlichen, dass wir uns darauf konzentrieren sollten, die Nase für das Atmen zu benutzen und den Mund für Essen oder Sprechen. In sehr intensiven sportlichen Momenten atmet man zwar auch durch den Mund, aber das sollte dann immer nur kurz sein. Grundsätzlich ist die Nase zum Atmen da und der Mund zum Sprechen.

Unser Inneres berühren

Nach diesem ganz praktischen Input möchte ich noch einmal kurz auf einen grundsätzlicheren Aspekt zum Thema Atem oder Atmen eingehen: Nach dem, was wir soeben gelesen haben, könnten wir sagen: Wie wir atmen, so leben wir. Wir leben so, wie die Luft ist, die wir einatmen und die wir ausatmen. Wenn dem so ist, dann sagen die Qualität der Luft und die Qualität unseres Atmens viel über unsere Lebensqualität aus. Oder ich könnte, weil wir ja gerade beim Thema »Nahrung« sind, sagen: Zeig mir die Luft, die du atmest, und ich sage dir, wer du bist. Lass mich hören, wie du atmest, und ich sage dir, wie du lebst. Man ist das, was und wie man atmet.

Das funktioniert auch andersherum: Achten wir auf unseren Atem, dann lernen wir etwas über uns selbst. Der indische Yoga-Lehrer und Atem-Guru R. Sriram drückt das in seinem Buch *Das Geheimnis des Atmens* treffend aus: »Mit den Händen können wir den eigenen Körper spüren, mit der Imagination sein Inneres visualisieren. Mit dem Atem aber berühren wir tatsächlich das Innere des Körpers.«

Wie wir atmen, sagt also nicht nur etwas über unsere grundsätzliche Lebensqualität aus, sondern auch etwas über unsere momentanen Gemütszustände. Wenn wir zum Beispiel Angst haben, atmen wir schluchzend nach oben, was man gut beobachten kann, wenn sich jemand in einem Schockzustand befindet. Der Mund ist offen, die Augen sind hoch, die Schultern ziehen sich nach oben, und der Körper ist starr. Wenn wir weinen, dann schluchzen wir in kurzen Abständen, unser

Atemfluss ist gestört, der Rhythmus ist gebrochen. Sind wir wütend, atmen wir lange aus oder seufzen. Das kennen wir alle: Jemand nimmt dir zum Beispiel an einer Kreuzung die Vorfahrt, und schon geht's los: Aahhhhh … Wir sagen ja auch: Wut ablassen oder auch Frust ablassen. Jede Emotion hat also ihre eigene Atemform.

Das können wir in allen Lebenssituationen beobachten, bis hin zu den intimsten Momenten. Wir können es fühlen und vor allem: Wir können es nutzen. Verbessern wir unser Atmen, dann verbessern wir die Qualität unseres gesamten Lebens. Zur gesunden Ernährung gehört ein gesunder Atem.

Mit Atemtechniken und damit, welche Rolle sie für unsere »Mental Shower« spielen, werden wir uns später beschäftigen. Was wir vorher über die »normalen« Lebensmittel gesagt haben, gilt natürlich auch hier: Bücher und Videos zum Thema Atmen und zu Atemtechniken gibt es unzählige. Wer tiefer in dieses Geheimnis, wie R. Sriram es nennt, eintauchen will, wird schnell andere Facetten finden. Die spannenden Atemübungen können zu etwas Sinnlichem werden, zu etwas, was unsere Sinneserfahrung schärft und uns darin unterstützt, neue Räume des Körpers und der Seele zu entfalten. R. Sriram hat recht, dieser gesamte Themenkomplex ist extrem spannend und bereichernd. In unserem Buch wollen wir uns allerdings nur auf einige wenige und sehr effiziente Techniken konzentrieren, die unseren Speiseplan sofort und ohne große Mühe bereichern: auf Extraluft und Extraspezielle-Energie für unser Leben.

Spirituelles Gewichtheben

Auf einen kurzen Punkt möchte ich am Ende des Kapitels noch eingehen. Dabei hilft uns erneut ein Blick auf unsere

Alltagssprache. Ganz konkret meine ich ein Wort, das ich in diesem Kapitel selbst schon benutzt habe und das wir in verschiedenen Formen kennen: »inspirieren«, »inspirierend« oder »Inspiration«. Auch dieses Wort stammt aus dem Lateinischen, nämlich von »inspiratio« und dem Verb »inspirare«. »Inspirare« kann man in erster Linie mit »einhauchen« übersetzen – seinen Widerpart »respirare« mit »ausatmen«. Im Italienischen ist der Zusammenhang, auf den ich hinauswill, sogar noch offensichtlicher. Das dort ebenfalls existierende »inspirare« heißt übersetzt »einatmen«, »espirare« dann »ausatmen«. Ich finde beide Bilder treffend: Wenn wir sagen, dass wir inspiriert sind, dann meinen wir damit, dass wir neue Ideen erhalten haben und dass wir diese Ideen nutzen, um unser Leben zu verändern, um neue Pläne zu schmieden und uns Projekte vorzunehmen und anzugehen, die wir uns zuvor vielleicht nie zugetraut hätten. Andersherum, wenn wir andere »inspirieren«, dann hauchen wir ihnen etwas ein: vielleicht eine tolle Idee, vielleicht Mut oder Trost oder Freude, auf jeden Fall: Lebensenergie. Oder: Wenn jemand in den Raum kommt, den wir inspirierend finden, dann verbinden wir damit meistens, dass diese Person etwas ausstrahlt, dass sie voller Energie auftritt und von dieser Energie etwas überspringt. Eine Inspiration für andere zu sein, bedeutet, Energieüberträger zu sein. Und wollen wir das nicht alle? »Inspirare« und »espirare« hängen also eng zusammen.

Wenn wir beim physischen Atmen bleiben, ist das klar: Wir können nicht ausatmen, wenn wir nicht eingeatmet haben. Und wir können auch nicht einatmen, wenn wir vorher nicht ausgeatmet haben. Aber dieses Prinzip können wir auch auf unser geistiges Leben übertragen: Wenn wir das, was uns Energie und Platz und Zeit raubt, nicht ausatmen, können wir keine Energie einatmen und auch nicht das, was uns inneren Raum und Ruhe gibt. Wir können mit dem richtigen Atem unseren Spirit trainieren, geistig stärker und harmonischer werden. Eine Art spirituelles Gewichtheben. Dazu werden wir noch mehr im Unterkapitel zu unseren Gedanken und Emotionen erfahren. Wir müssen also Raum schaffen und uns von negativer Energie verabschieden, um Platz für positive Energie zu bekommen. Sorgen, Ängste und Wut werden nicht mehr die Kontrolle über unser Leben übernehmen, wie es leider bei den meisten Menschen der Fall ist. Wir lernen, das Steuer zu übernehmen und unsere Lebenskraft in die richtige Bahn zu lenken. Mit dem richtigen Atem sind wir auf dem besten Weg. So wie wir nicht immer mit einem vollen Magen herumlaufen und trotzdem immer weiter essen können.

Was für uns selbst gilt, das können wir auch auf Situationen mit anderen übertragen: Auch wenn wir andere inspirieren wollen, müssen wir zunächst einmal ausatmen. Um eine Inspiration zu sein, müssen wir vorher eine »Espiration« sein. Ich weiß, dieses Wort gibt es im Deutschen nicht, aber das macht nichts: Lass uns eine »Espiration« sein, dann können wir andere inspirieren. Dann füllen wir, wenn wir das Prinzip des Atems als Geist aufgreifen, andere Menschen mit Atem, mit Geist. Wir sagen ja auch, dass dieser oder jener Mensch eine »geistreiche« Person ist oder dass wir eine »geistreiche« Unterhaltung hatten. Also eine Person oder Unterhaltung, die positiv war, die uns etwas gebracht hat, in der Energie zu spüren war. Wir wissen, wie viel wir aus solchen Momenten für unseren Alltag ziehen können. Wie Traubenzucker, der uns Energie gibt – das Nahrungsmittel Luft und das Lebensmittel Atem.

Die Bewegung des Gefühls

In diesem Unterkapitel wird es wieder um ein spannendes, komplexes und auch sehr umfangreiches Thema gehen, um unsere Emotionen. Ganz sicher, über Emotionen wirst du schon jede Menge gehört und gelesen haben. Und doch darfst du gespannt sein, wie viel es noch zu entdecken gibt und wie auch nur ein kurzer Streifzug durch dieses weite Gebiet unseren Alltag, die Sicht auf uns selbst und unser Leben verändern wird.

Zuerst wollen wir uns aber einmal ganz einfach die Bedeutung und Herkunft des Wortes »Emotion« näher anschauen. Wie schon die Inspiration stammt auch dieser Begriff aus dem Lateinischen. Das lateinische Wort »emotio« bedeutet ins Deutsche übersetzt »Bewegung« oder »Erregung«. In der Psychologie bezieht sich der Begriff »Emotion« auf einen psychischen Zustand, der durch Gefühle, körperliche Erregung und Verhalten gekennzeichnet ist. »Emotion« bezeichnet oder drückt sich als ein Gemüts- oder Gefühlszustand aus, der sich in uns, in unserem Körper, durch unseren Körper bewegt. Emotionen spielen eine wichtige Rolle in unserem täglichen Leben und beeinflussen unsere Wahrnehmungen, Entscheidungen und Interaktionen. Und: Unsere Emotionen und unsere Gedanken pflegen eine sehr enge und innige Beziehung. Man kann sie nicht voneinander trennen. Das Denken beeinflusst die Emotionen und die Emotionen beeinflussen das Denken – und all das beeinflusst natürlich uns und unseren Alltag.

Woher Emotionen stammen und welche Bedeutung ihnen zukommt, das sind komplexe Themen, die von verschiedenen Disziplinen wie der Psychologie, den Neurowissenschaften und der Philosophie erforscht werden. Der genaue Ursprung unserer Emotionen und ihre Entwicklung sind noch nicht endgültig geklärt, aber es gibt verschiedene Theorien und Ansätze, die versuchen, dieses Phänomen zu fassen. Einige dieser Theorien gehen davon aus, dass Emotionen evolutionär bedingt sind und eine wichtige Rolle bei der Anpassung und Überlebensfähigkeit von Lebewesen spielen. Nach diesen Theorien sind Emotionen angeboren und universell, das heißt, sie sind bei allen Menschen in gleicher Weise vorhanden, unabhängig von Kultur oder Gesellschaft. Beispiele für solche grundlegenden Emotionen sind Freude, Angst, Wut, Trauer.

Andere Theorien wiederum betonen die Rolle der Erfahrungen, des Lernens und der sozialen Einflüsse bei der Entstehung und Bedeutung von Emotionen. Diese Ansätze gehen davon aus, dass Emotionen durch individuelle Erfahrungen geformt werden und auch stark von kulturellen Normen, Werten und sozialen Kontexten beeinflusst werden können. Zum Beispiel können bestimmte Situationen oder Ereignisse in einer Kultur oder einem Individuum unterschiedliche emotionale Reaktionen hervorrufen. Die Bedeutung von Emotionen liegt darin, dass sie uns wichtige Informationen über uns selbst, unsere Umgebung und unsere zwischenmenschlichen Beziehungen vermitteln. Emotionen können Hinweise darauf geben, wie wir uns fühlen, was uns wichtig ist und wie wir auf bestimmte Situationen reagieren sollen. Sie spielen eine wichtige Rolle bei der Kommunikation und dem Ausdruck von Bedürfnissen und Wünschen.

Negative Kreisläufe durchbrechen

Insgesamt sind Emotionen ein faszinierendes und komplexes Phänomen, das weiterhin erforscht wird und über das wir sicherlich noch viel Spannendes und Überraschendes herausfinden werden. Im Moment wollen wir uns aber erst einmal fragen: Wie kommt diese Bewegung, als die wir Emotion definiert haben, zustande? Um das zu beantworten, nehme ich den scheinbar einfachsten Weg: Ich gehe von meiner eigenen Erfahrung aus.

Wir haben vielleicht schon einmal davon gehört oder es sogar bei uns selbst oder bei anderen beobachtet, dass die Gedanken die Emotionen lenken können. Im Erwachsenenalter mag das zu einem gewissen Teil stimmen. In unserer Kindheit allerdings, also in jener Zeit, in der wir am meisten lernen und in uns aufsaugen, dürften wir in diesem Zusammenhang ganz andere und manchmal sehr schmerzhafte Erfahrungen gemacht haben. Da waren wie bei Hase und Igel die Emotionen immer schon vorher da, und das Denken musste erst noch entwickelt werden, ganz zu schweigen davon, dass das Denken unsere Emotionen kontrolliert hätte.

Ein Beispiel, um es leicht und verständlich zu machen: Wir sind mit unseren Eltern auf einem Ausflug, dort wird Musik gemacht, gegrillt, gegessen und gelacht. Wir tapsen Richtung Lagerfeuer; klar, so ein Feuer, mit seinem Licht und seinen schönen Farben, das macht uns neugierig und zieht uns fast magisch an. Wir denken uns nichts dabei, wir tapsen immer näher ran, fassen schließlich mit der Hand einfach ins Feuer und – einundzwanzig! – schreien wir auf. Das tut ja höllisch weh! Das schöne, farbige Feuer »beißt«.

Vermutlich haben viele von uns schon einmal eine solche Feuererfahrung gemacht. Dieses schmerzliche Erlebnis hinterlässt einen derart prägenden Eindruck, es gräbt sich so stark in uns ein, dass uns beim nächsten Mal, wenn wir Feuer sehen, sofort die Erinnerungen daran hochkommen, verbunden mit einer schmerzlichen Erfahrung. Wir haben eine Art Angst davor oder eine negative Emotion dafür entwickelt. Auch das kennen wahrscheinlich wir alle. Entscheidend ist nun: Das Ganze ist ein Wechselspiel. Wir denken schlecht über das Feuer, und dadurch haben wir eine schlechte Emotion. Wo hat es angefangen? Es hat mit der Emotion angefangen, die wiederum unser Denken beeinflusst. Emotion als Schmerz, den wir empfunden haben und der unseren Körper bewegt hat, mehr, als uns eigentlich lieb war.

Die Frage ist nun, wie wir diesen Kreislauf später im Erwachsenenalter durchbrechen können. Nicht nur bei so etwas vermeintlich Banalem wie dem Lagerfeuer, also bei etwas, das wir mit großer Sicherheit sehr schnell entsprechend einordnen und durch unsere Gedanken mit einer anderen Emotion belegen können. Mir geht es hier um komplexere und tiefer sitzende Erfahrungen, die unser Leben zum Teil massiv beeinflussen. Und das vor dem Hintergrund, dass viele Menschen tatsächlich in solch einem Kreislauf oder womöglich gar in mehreren Kreisläufen stecken bleiben. Sie haben im Kindesalter bestimmte Erfahrungen gemacht. Durch diese Erfahrungen entwickeln sie Emotionen, durch die Emotionen prägen sie ihre Gedanken und bauen darauf ihr Leben auf. Das heißt, dass das, was viele Menschen als Kinder erfahren haben, für sie für den Rest des Lebens gilt. Ein sicheres Anzeichen dafür sind dann Sätze wie: »Nee, das ist so für mich« – und damit bleibt es auch so für sie. Und dadurch nehmen sie sich die Möglichkeit, eine andere Erfahrung zu machen und damit andere Emotionen.

Wenn wir uns dieser Zusammenhänge und der Gefahr der beschriebenen Kreisläufe bewusstwerden, haben wir schon einen ersten Schritt getan. Der zweite besteht darin, sich klarzumachen und immer wieder vor Augen zu halten, dass wir

Menschen auch frei denken können. Wenn wir aber frei denken können, dann können wir uns letztendlich auch entscheiden, Techniken zu lernen, wie wir durch unser Denken die Emotionen beeinflussen. Und wenn es uns gelingt, unsere Emotionen zu beeinflussen, dann können wir diese beeinflussten Emotionen für uns nutzen und somit unser gesamtes Leben im Inneren und im Äußeren verändern und lenken. Denken und Emotionen sind in einer sehr, sehr – man kann es nicht anders sagen – innigen und abhängigen Beziehung verbunden. Als Kinder machen wir Erfahrungen und damit verbunden Emotionen; und erst allmählich entwickelt sich unser Denken. Später lenken wir unser Denken und damit die Emotion.

Du wirst später noch tiefer in dieses Wechselspiel eintauchen und ganz konkret lernen, wie wir es zu unseren Gunsten beeinflussen können. Ein wichtiges Prinzip, das wir uns ständig bewusst machen müssen, lautet: Wir sind Menschen, wir haben eine Art Schöpferkraft, und dadurch und deshalb sind wir anders als Tiere. Wir können bestimmen, was wir denken. Der König im Reich unseres Geistes, das sind nur wir allein. Deshalb werden wir in diesem Kapitel, das sich ja mit unseren Grundnahrungsmitteln beschäftigt, auch noch die Gedanken näher betrachten.

Zunächst aber noch einmal abschließend zurück zu unseren Emotionen und einer Doppelfrage, die du vermutlich schon easy beantworten kannst: Warum ist es wichtig, unsere Emotionen zu verstehen und womöglich auch die Emotionen anderer? Richtig, weil sie etwas in Bewegung setzen, weil dabei etwas im Menschen stattfindet, psychologisch und physiologisch. Emotionen können Energie geben, sie können aber auch Energie rauben. Wir müssen, wenn es um Emotionen geht, wie bei unseren »normalen« Lebensmitteln für eine ausgewogene Ernährung sorgen.

Zum Beispiel kann die Angst in bestimmten Situationen extrem wichtig sein. Nämlich dann, wenn sie uns zu den richtigen Handlungen antreibt, zum Beispiel zur Flucht oder zum Kampf. Sie kann uns aufmerksam und wachsam machen. Sie kann uns aber auch lähmen, sodass wir außerstande sind, uns in bestimmten Situationen noch fortzubewegen.

Wichtig ist: Alle Gefühle beeinflussen immer auch unsere Realität. In der Dokumentation *Water – Die geheime Macht des Wassers*, auf die ich an verschiedenen Stellen dieses Buchs verweise, sehen wir ein Experiment, das nicht nur die Macht des Wassers demonstriert, sondern auch die Macht der menschlichen Emotionen – auf das Wasser. In diesem Experiment wurde das Wasser allen möglichen Einflüssen ausgesetzt: Magnetfeldern, elektrischen Feldern, verschiedensten Substanzen und auch menschlichen Emotionen. Das Ergebnis: Die menschlichen Emotionen – positive wie auch negative – hatten den größten und stärksten Einfluss auf das Wasser.

Wir bestehen, je nach Alter, zu durchschnittlich 70 bis 80 Prozent aus Wasser. Ob es nun daran liegt oder ob es nur eine interessante Koinzidenz ist: Emotionen haben somit direkt auch auf uns eine Wirkung. Das Denken bestimmt die Emotion, sagt man; aber die Emotion kreiert die Realität, das Gefühl kreiert die Realität. Wenn ich so fühle, ein anderer Mensch fühlt aber nicht so, dann ist das für mich real, für den anderen aber nicht. Wenn wir bei null Grad draußen stehen, und mir ist warm und der anderen Person kalt: Was ist nun real? Dass es null Grad hat, klar. Doch ist es nun warm oder kalt? Wir können natürlich definieren, dass eine Temperatur von null Grad immer als »kalt« zu bezeichnen ist; doch ich werde, weil ich nicht friere, es nicht als kalt empfinden. Für mich ist es nicht kalt. Das heißt für mich: So wie wir denken und fühlen, so ist unser Leben. Für den Eisbär wirkt wahrscheinlich unser Winter wie ein Sommer.

Die Gedanken sind die Sprache des Kopfes. Die Gefühle sind die Sprache des Körpers.

Das Ich und das höhere Selbst

Der Körper funktioniert dabei wie ein Magnet. Er zieht das an, was wir denken und fühlen. Haben wir in erster Linie negative Gedanken und Gefühle, wird sich das auch auf unseren Körper und unsere Umgebung auswirken. Sind wir eher positiv-optimistisch, wirkt sich das positiv aus. Das Gesetz der Anziehung existiert, und es wirkt tatsächlich. Und, noch besser: Wir können es nutzen, wenn wir wissen, dass und wie es funktioniert. Neurowissenschaftler zeigen immer öfter auf, wie real die Quantenphysik in uns und um uns herum wirkt. Die Verbindung von Denken und Fühlen, von Verstand und Gefühl, ist unermesslich. Und diese Verbindung ist uns im buchstäblichen Sinn in die Wiege gelegt worden, nur vergessen wir das oft oder vernachlässigen sie. Mehr noch: Viele von uns haben verlernt, aus dieser Verbindung heraus zu leben. Dadurch berauben wir uns ohne Not einer Tiefendimension unseres menschlichen Seins, was unser Leben nicht nur ärmer macht, sondern was auch zu schwerwiegenden psychischen und psychosomatischen Problemen führen kann. Doch wir wollen uns hier vor allem auf die Macht und die Kraft dessen konzentrieren, was wir später noch genauer im Kapitel über das Unbewusste thematisieren.

Überlegen wir doch einmal, wie viele Menschen auf die reine Vernunft und Logik pochen und wie stur sie alles, was über das Unbewusste oder andere Dimensionen gesagt wird, als Esoterik und Spinnerei abtun. Dabei ist es absolut faszinierend, was dort geschieht und wie wir das Unbewusste nutzen können. Wenn wir uns allein auf die Logik beschränken, entgehen uns viele andere Felder, andere Dimensionen unserer Persönlichkeit und damit eine Vielzahl unserer Potenziale.

Ich nenne es das »höhere Selbst«, was heute selten geworden ist. Wir können dieses Selbst nicht einfach logisch definieren. Aber wir können es erspüren, zum Beispiel bei Menschen, die schon viele Jahre richtig meditieren, die in einer besonderen Verbindung mit sich selbst und mit dem Universalen stehen, mit dem Unsichtbaren. Mein Uropa, der im stolzen Alter von 108 Jahren von uns gegangen ist (ausführlicher erzähle ich im dritten Kapitel von ihm), saß stundenlang da, sagte nichts – und plötzlich überraschte er uns alle mit einer Vorhersage, die wir zuerst nicht glauben konnten, die aber später wirklich eintrat. Das passierte nicht nur ein- oder zweimal, sondern wieder und wieder. Es war quasi »normal«, so normal, dass Menschen von überall her regelmäßig zu ihm kamen und mehr über sich selbst und die Welt wissen wollten. Woher er diese Gabe bekommen hatte und wie sie genau funktionierte? Keine Ahnung. Doch ich habe bei ihm und später auch bei anderen Meistern erlebt, wie sehr sie aus einem »höheren Selbst« heraus leben.

Ich weiß, dass es nicht einfach ist, das alles in Worte zu fassen und nachzuvollziehen. Vielleicht könnten wir das als »Leben aus der Intuition heraus« beschreiben; eine tiefliegende Intuition, die dem klaren und logischen Denken immer einen Schritt voraus ist. Ihr merkt: Das ist nicht einfach zu beschreiben oder zu erklären, man muss solche Menschen erlebt haben. Fällt dir eine solche Person ein? Wenn ja, dann versuch dich doch für einen Augenblick an sie zu erinnern. Daran, wie sie sich verhalten hat oder verhält. Wie sie spricht, sich bewegt, aber auch, wie sie schweigt. Welche Aura sie hat und wie du dich in ihrer Anwesenheit fühlst. Spürst du das? Das ist eine ganz besondere Form von Präsenz, die über das rein Körperliche weit hinausgeht.

Wie mächtig unser höheres Selbst ist und wie viel schneller als unser Denken es sein kann, will ich an einem Beispiel aus Fernost veranschaulichen: Samurai-Krieger wurden früher in vielen unterschiedlichen Disziplinen geschult, geistig und körperlich. Das gilt auch für den Instinkt: Sie sollten nicht nur mit dem physischen Auge sehen, sondern auch mit dem Auge des Instinkts. Noch heute werden in Japan Prüfungen durchgeführt, die an diese Tradition anknüpfen, ich spreche von den Kendo-Prüfungen. »Kendo« bedeutet so viel wie »Weg des Schwertes«, und jedes Jahr versuchen mehrere Tausend Menschen, sie zu bestehen. Wem das gelingt, der erhält den achten Dan (»Haji-Dan«, Dan sind so etwas wie Grade der Meisterschaft, es gibt sie auch in anderen Kampfsportarten wie zum Beispiel dem Judo) und gehört zu einem Kreis von sehr wenigen Auserwählten. Nur gelingt das kaum einem Teilnehmenden, pro Prüfung vielleicht einem oder zweien von fünftausend.

Das Faszinierende: Um zu bestehen, muss man sich durch zwölf Stunden Theorie quälen; der Praxisteil dauert dann 120 Sekunden. Ja, richtig gelesen: In 120 Sekunden wird der Kendoka angegriffen, und zwar so schnell, dass er das gar nicht erfassen kann, das physische Auge ist überfordert. Die einzige Chance ist das Auge des Instinkts. Nur wenn der Kendoka so geschult ist, dass er instinktiv abwehrt und wieder angreift, kann er bestehen. Wie gesagt: Nur ein Bruchteil der

Teilnehmenden ist so weit. Und dieser Bruchteil hat meist dreißig, vierzig Jahre oder noch länger trainiert. Und er hat vor allem begriffen: unserem Instinkt zu vertrauen und sich ihm zu überlassen. So wie unser Telefon sich mit dem WLAN verbindet, so kann dieser Meister sich auch mit dem Gegenüber verbinden und dessen innere Sprache lesen. Nicht mit dem Intellekt, sondern mit diesem höheren Selbst.

Wir sind es heute nicht mehr gewohnt, uns auf unsere Instinkte zu verlassen. Einerseits fehlt uns oft der Mut dazu. Vor allem aber fehlt uns auch die Praxis, weil wir in einer Umwelt leben, die unsere Intuition schwächt. Der Komfort unserer sorgsam abgeschirmten vier Wände schwächt unseren Körper, der Stress der Großstadt überspannt unsere Nerven. Sorgen nagen an uns, und die Angst erdrückt die Menschen. Viele schlafen nachts schlecht, und am Tag sind sie nur halb wach. Sie denken an Nichtigkeiten, sie denken zu viel, und letztlich hören sie nicht mehr auf zu denken. Ein purer Informationsüberfluss überschüttet unseren Geist. Keine Frage: Der Fortschritt hat viel Gutes gebracht, und wir können und wollen das Rad der Geschichte nicht einfach zurückdrehen. Doch wir müssen uns zugleich bewusst sein oder werden, dass wir vieles verlernt haben. Wir haben es verlernt, unsere Emotionen und Gefühle, das Unbewusste wertzuschätzen. Mehr noch: Wir haben es verlernt, sie zu nutzen. Wir sind auf einer falschen Gefühlsdiät und wir enthalten uns – ob unbewusst oder bewusst – diese feinstoffliche Nahrung vor.

Wenn Emotionen und Gedanken – zu den Gedanken gleich mehr im folgenden Unterkapitel – essenzielle Nahrungsstoffe und Lebensmittel für uns sind und wenn wir zugleich gesehen haben, dass Emotionen uns nach vorne pushen, uns aber auch lähmen können, dann stellt sich natürlich sofort die Frage: Von welchen Emotionen soll ich mich ernähren? Welche tun mir gut, und wie schaffe ich es, die richtigen zu »Lebensmitteln« werden zu lassen? Die Mental-Shower-Methode hilft uns genau dabei. Wir reinigen, um im Bild der Dusche zu bleiben, unsere Emotionen, damit sie für uns reinigend sind. Damit sie für uns Kraftquellen sind und uns helfen, unsere Energieströme fließen zu lassen.

Wir werden in den folgenden Kapiteln häufig auf unsere Emotionen und Gefühle, auf das Unterbewusste und Unbewusste zu sprechen kommen. Um sie zu reinigen und um sie klar und sprudelnd zu halten, werde ich Techniken zeigen, die sehr effizient und effektiv sind. Mit ein wenig Übung und Zeit können wir enorm viel rausholen, wenn wir diese in unseren Alltag integrieren. Nur so machen sie uns stark und vital und sind gleichzeitig nachhaltig und werden zu unserem besten Begleiter.

Du bist, was du denkst

Gleich zu Beginn dieses Unterkapitels eine irre Zahl, die dich sicher überraschen wird: Was meinst du, wie viele Gedanken haben wir Menschen durchschnittlich pro Tag? Ich will es dir gleich verraten: Schätzungsweise sind es etwa 70 000 bis 80 000. Wenn man diese Zahl hochrechnet, dann können es also innerhalb von vier Wochen bis zu 2,5 Millionen Gedanken sein, die uns durch den Kopf schießen. Eine unglaubliche Zahl, und nach allem, was wir in den vorherigen Kapiteln gelernt haben, stellt sich unweigerlich die Frage: Was für Gedanken sind das eigentlich? Gedanken, aus denen wir Kraft und Energie schöpfen können, die also eine gute Nahrung für uns sind? Oder sind es Gedanken, die uns am Schlafen hindern, die uns abschweifen lassen, die uns ängstlich, traurig oder deprimiert machen? Sind es Gedanken, die in uns Sorgen und Zweifel hervorrufen? Die unbequeme Antwort auf diese Fragen lautet: Wir haben viele negative Gedanken, oft haben wir auch Gedanken, die einfach überflüssig sind und nichts bedeuten, die belanglos sind und uns Kapazitäten rauben. Denn jeder negative oder auch nur überflüssige Gedanke bedeutet weniger Platz für gute und aufbauende Gedanken.

Dir kommt diese Zahl von 70 000 oder 80 000 Gedanken pro Tag unwahrscheinlich hoch vor? Das mag vor allem daran liegen, dass wir nicht alle Gedanken bewusst wahrnehmen, viele laufen automatisch und unbewusst ab. Dazu schlage ich dir einen kleinen Selbstversuch vor: Setz dich für zehn Minuten hin, nimm dir ein Blatt Papier und einen Stift und versuche, jeden Gedanken, der dir gerade durch den Kopf geht, aufzuschreiben. Du wirst überrascht sein, wie viel Gedankenmüll sich in der kurzen Zeit vor dir auftürmt. Und so wie du in zehn Minuten denkst, so befindest du dich den gesamten Tag über in einem inneren Selbstgespräch, mal bewusst, mal unbewusst und unterschwellig. Wir denken von morgens bis abends durch, und sogar nachts im Schlaf, wenn wir uns gerade nicht in einer Tiefschlafphase befinden, sind Kopf und Gehirn beschäftigt. Total verkopft. Wir befinden uns permanent im Gedankenverkehr.

Bündle deine Sonnenstrahlen

Und was hat jetzt dieser Gedankenverkehr mit unserem Ernährungsthema zu tun? Den biblischen Vers »Der Mensch lebt nicht vom Brot allein« habe ich ja schon erwähnt. Und vielleicht kennst du das berühmte Zitat von Gautama Buddha, in dem übrigens auch das Gesetz der Anziehung mitschwingt: »Was du denkst, bist du. Was du bist, strahlst du aus. Was du ausstrahlst, ziehst du an.« Und auch in anderen religiösen Traditionen wird die Bedeutung der Gedanken und Sprache, gerade auch der inneren, hervorgehoben. Im Prolog des Johannesevangeliums heißt es etwa: »Im Anfang war das Wort und das Wort war bei Gott und das Wort war Gott. Dieses war im Anfang bei Gott. Alles ist durch das Wort geworden und ohne es wurde nichts, was geworden ist. In ihm war Leben und das Leben war das Licht der Menschen.«

Im Englischen wiederum hängen »denken« und das »Ding« eng zusammen, als »to think« und »the thing«. Zugegeben, die beiden Begriffe sind etymologisch nicht verwandt, trotzdem existiert eine phonetische Ähnlichkeit, die tatsächlich der Realität entspricht, denn: Wie wir denken, so sind wir. Gedanken sind unsichtbare Materie. Gedanken mögen zwar zunächst völlig unscheinbar wirken, sie bilden aber dennoch eine starke Macht in unserem Leben. Der Gedanke ist der Anfang einer Bewegung, der Ursprung einer Wirkung. Er ist so wirklich, wie nur irgendetwas wirklich ist. Denn wirklich ist, was wirkt.

Diese Tatsache können wir uns und kannst du dir zunutze machen. Und zwar, indem wir uns zusätzlich bewusst machen, dass Gedanken nicht nur einfach so die Realität bestimmen, sondern dass sich vor allem die Wiederholung von Gedanken auf die Realität auswirkt. Je öfter wir etwas denken, desto mehr manifestiert es sich. Je öfter und ausgeprägter ich einen Gedanken abspiele, desto deutlicher und realer wird er. Es ist so, wie es das alte Sprichwort formuliert: »Steter Tropfen höhlt den Stein.« Wenn man nur mal ab und zu kurz etwas denkt, wird das keine einschneidende Wirkung auf unser Leben haben. Zerstreute Gedanken sind zerstreute Energie. Vergeudete Energie. Denkt man allerdings ein und denselben

Gedanken wieder und wieder, dann wird sich dieser Gedanke langsam in unserer Realität widerspiegeln. Er wird Realität.

Um etwas zu bewirken, brauchen wir also konzentrierte Energie. Wir benötigen eine Kraft, oder, um in diesem Gedankenbild zu bleiben, mehrere Kräfte, die in eine Richtung gelenkt werden. Du kannst dir das so vorstellen: Als Kind hast du vielleicht auch das Experiment geliebt, bei dem eine Lupe vor ein Blatt Papier gehalten wird. Die Lupe wird so ausgerichtet, dass Sonnenstrahlen durch die Lupe auf das Papier fallen. Irgendwann, nach gar nicht allzu langer Wartezeit, schlagen plötzlich Flammen aus dem Papier, und es beginnt zu brennen. Stellen wir uns dieses Experiment vor und übertragen es auf unsere Gedankenwelt: Je häufiger und intensiver die Konzentration, je zielgerichteter das Gefühl, desto stärker und schneller wird dieser Gedanke real. Das Blatt Papier ist unsere Wirklichkeit, die Sonnenstrahlen sind unsere Gedanken.

Diese Methode, sich Dinge wieder und wieder vorzustellen und damit real werden zu lassen, wenden viele meiner Klienten an. Visualisierung und Imagination mit Gefühlsentwicklung stehen vor allem bei meinen Sportlern auf deren »Speiseplan«. Sie stellen sich vor, wie sie das entscheidende Tor schießen, wie das ganze Stadion ihnen zujubelt, wie die Mitspielerinnen sie umarmen, der Trainer klatscht, die Journalisten die tollsten Schlagzeilen texten, die Familie vor Stolz weint …

Aber nicht nur Sportler können diese Macht der Gedanken nutzen, jede und jeder kann das. Du kannst dir genauso gut vorstellen, wie du den letzten Satz einer Abschlussarbeit schreibst, die E-Mail an die Prüfer abschickst, die Antwort erhältst, die Hände vor den Mund schlägst und eine Träne verdrückst, wie du wenige Tage später ein Jobangebot bekommst ... All das kannst du dir vorstellen, und wenn du das wieder und wieder visualisierst, dann wird es immer realer und irgendwann Wirklichkeit. Das meint der berühmte Satz: »Du musst schon am Ziel gewesen sein, bevor du am Ziel ankommst.« Oder um meinen Freund, die Ringerlegende Frank Stäbler aus seinem Buch *Unaufhaltsam* zu zitieren: »Du musst schon Weltmeister gewesen sein, bevor du Weltmeister wirst.«

Wie unsere Wünsche Realität werden

Bei der Visualisierung – und das ist der Anknüpfungspunkt zum vorherigen Unterkapitel – geschieht noch etwas: Wir denken diese Szenen nicht nur und stellen sie uns vor. Wir erleben sie mit allen Sinnen. Wie würde es sich anfühlen, wenn mein Wunsch real wäre? Wie würde ich in meiner Körpersprache sein? Wie würde ich meinen Mitmenschen begegnen? Wie würde ich über mich selbst denken? Wie würden die Menschen in meinem Umfeld mich ansehen, mit mir sprechen? All diese Fragen helfen mir, mich in diesen Zustand hineinzufühlen.

Lass uns dazu ein Gedankenexperiment ausprobieren: Wir alle hatten schon irgendwann einmal einen bestimmten Wunsch, den wir uns unbedingt erfüllen wollten. Meistens ist der Prozess, Wünsche zu manifestieren, etwas langwieriger, wenn wir die Gesetze der Gedankenkraft nicht kennen. Viele Menschen arbeiten hart an ihrem Wunsch und mühen sich auf dem langen Weg bis hin zu seiner Realisierung ab. Oft lässt die Realisierung solcher Wünsche jahrelang oder sogar über Jahrzehnte auf sich warten, denn der Weg vom Außen ins Innere ist ein großer Umweg – und manche schaffen es gar nicht, ihren Wunsch in der Realität zu erleben.

Aber jetzt stellen wir uns einmal eine Sache vor, die wir in unserem Leben erreicht haben. Erinnern wir uns zurück: Wie war das am Anfang? Als es noch in ferner Zukunft lag und wir uns Gedanken gemacht haben, wie wir dieses Ziel erreichen könnten. Wir haben uns viele Gedanken darüber gemacht, wir haben viele Fragezeichen gesetzt – und was ist dann genau passiert, als wir es plötzlich bekommen haben? In dem Moment, als der Wunsch erfüllt wurde, haben wir ihn auch schon wieder losgelassen. Denn jetzt haben wir den Wunsch zur Realität werden lassen, jetzt haben wir unser Ziel erreicht. Genau hier liegt ein Geheimnis in unserer Körpersprache: In diesem Moment der Realisierung sind wir entspannt und müssen uns keine Gedanken mehr machen. Das Misstrauen oder die Skepsis, die uns festhielt, bevor der Wunsch Realität wurde, fällt ab.

Was heißt das nun für uns? Dass eine entspannte Haltung und jenes Selbstvertrauen, das das Misstrauen ersetzt, Hand in Hand gehen. Wir können uns deshalb Folgendes merken: Entspannung ist gleich Vertrauen. Und Anspannung ist gleich Misstrauen. Wenn wir diese beiden Gleichungen auf einen Wunsch in unserem Leben übertragen, dann heißt das, dass wir Gedanken brauchen, die uns in der Gegenwart in einen entspannten und selbstvertrauenden Zustand versetzen. Und zwar so, als ob ich das, was ich als Wunsch in mir trage, bereits erreicht hätte. Gehen wir so an unsere Gedanken und Wünsche heran, wird das nicht nur eine Auswirkung auf unsere innere Haltung haben, sondern es wird auch auf eine Weise Dinge anziehen, die wir mit der Logik allein nicht begreifen können. Viele Experten, ob nun Neurowissenschaftler oder Wissenschaftler anderer Fakultäten, forschen zu diesem Phänomen. Zwei davon finde ich persönlich in diesem Zusammenhang sehr spannend, Joe Dispenza mit seinem Buch *Du bist das Placebo* und Lissa Rankin mit *Warum Gedanken stärker sind als Medizin.*

Den inneren Film anschalten

Gedanken beeinflussen unsere Realität und kreieren sie. Aber nicht nur das: Gedanken beeinflussen außerdem weitgehend unsere Emotionen, dazu haben wir im vorherigen Unterkapitel schon einiges gelernt. Wir können zum Beispiel nicht an etwas Angenehmes denken und dabei wütend sein; wir können nicht an etwas Liebevolles denken und dabei Hassgefühle empfinden, das geht nicht. Emotionen und Gedanken gehen Hand in Hand.

Wenn wir beginnen, selbständig und zielgerichtet zu denken und somit bewusst das Unbewusste für uns zu entdecken und zu nutzen, dann beginnen wir schon damit, uns zu verändern. Das sind bereits die ersten subtilen Tropfen, welche – metaphorisch ausgedrückt – bei konzentrierter Wiederholung und richtiger Anwendung zügig zu einem Kraftfluss werden und den Weg zum großen Meer ebnen können. Diese Veränderung wirkt auf uns, sie wirkt aber auch auf unser Umfeld – und dadurch wieder auf uns zurück. Wir ziehen das an, was wir aussenden, und zwar in allen Lebensbereichen und -lagen. Wir ziehen die Menschen an, je nachdem, wie wir denken, die Umstände in unserem Beruf, in der Gesundheit … Wer positiv denkt und fühlt und eine positive Ausstrahlung hat, der wird auch Positives anziehen.

Ein konkretes Beispiel: Sind wir permanent mit Menschen zusammen, die negativ denken und daher Negatives ausstrahlen, dann strahlt das auf uns ab. Wenn wir ehrlich mit uns selbst sind, werden wir entdecken, dass alles, was um uns herum passiert, ein Spiegel von dem ist, was in uns passiert. Der äußere Film läuft innerlich parallel ab – oder sogar vorher. Wir sollten daher, wenn wir uns wirklich verändern wollen, den inneren Film neu einlegen. Wir müssen lernen, die Außenwelt, also das, was wir sehen und hören, auszublenden und uns auf unsere innere Vorstellungskraft zu konzentrieren. Mehr noch: Wir müssen beginnen, unsere innere Wirklichkeit zu kreieren. Um bei dem Filmbeispiel zu bleiben: Wieso spiele ich einen Film ab, den andere für mich gedreht haben? Warum drehe ich nicht meinen eigenen Film, bin der eigene Schauspieler, Regisseur und Produzent meines Lebens?

Unsere größten Gegner besiegen

Um dieses Thema abzurunden, möchte ich eine Herangehensweise beschreiben, die ich für mich selbst und für meine Klienten nutze, um unsere größten Gegner zu besiegen. Unsere größten Gegner, das sind die Gegner in unserem Inneren: Sorgen, Zweifel und Ängste. Wir wissen, dass das Thema positives Denken rund um den Globus sehr bekannt ist. Und wir hören oft: »Denk doch positiv, das bringt doch viel mehr!« Sicher, das stimmt schon. Nur, wenn sich ein negativer Gedanke und die entsprechenden Gefühle in uns breitmachen, ist es fast unmöglich, einfach mal eben positiv zu denken. In solch einem Zustand würden wir den positiven Gedanken ohne emotionale Ladung einer negativen Emotion, die voll aufgeladen ist, gegenüberstellen. Dann gewinnt immer das Negative. Wir brauchen deshalb eine andere Strategie als die gedankliche Sofortkonfrontation.

Dabei hilft eine Erkenntnis, die wir bereits gewonnen haben: Gedanken beeinflussen Emotionen, und die Emotionen wiederum beeinflussen, manchmal kaum merklich, unseren Atemrhythmus. Das Faszinierende: Ich kann diesen Weg auch andersherum gehen. Ich kann über den Atem die Emotionen und die Gedanken beeinflussen. Ich atme bewusst, beruhige meinen Rhythmus und kann nach nur wenigen Minuten meine Gedanken viel einfacher und besser sortieren. Mein Geist wird zu einem lockeren Boden, in den ich den Samen meines Gedankens pflanzen kann – und den ich ab dann sorgsam hege und pflege. »Wie genau soll das funktionieren?«, fragst du vielleicht. Eine sehr effektive Technik werden wir später einüben, die du super in den Alltag integrieren kannst. Vorher aber wollen wir uns noch einer anderen Kraft zuwenden, einer geheimen Macht, die tief in uns schlummert und die wir nur wecken müssen.

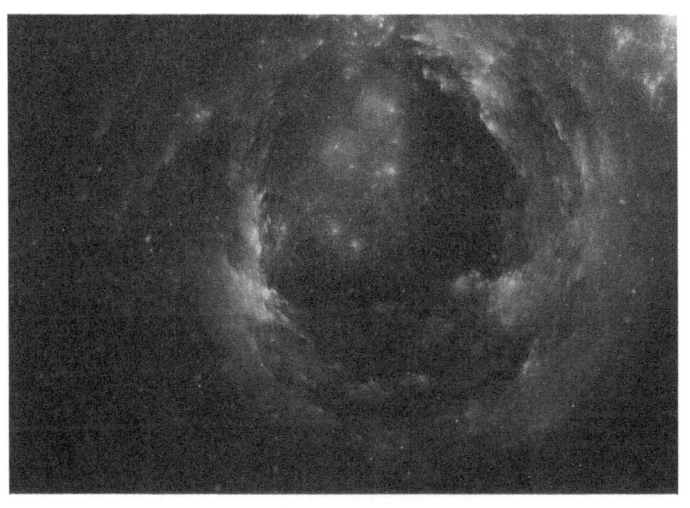

»*Das Unbewusste ist die Quelle
aller schöpferischen Kraft.*«

Die geheime Macht des Unterbewusstseins: Das Unsichtbare wird sichtbar

Je länger ich mich mit dem menschlichen Geist beschäftige, desto fasziniter bin ich. Es ist unglaublich, welche Möglichkeiten in uns stecken. Und es ist deshalb schade, dass wir oft so wenig von unserem Potenzial, von dieser nahezu unbegrenzten Kraft Gebrauch machen. Wir sind so auf das Sichtbare fixiert, dass wir das Unsichtbare vergessen. Wenn wir also das Unsichtbare sichtbar werden lassen, dann nutzen wir etwas, das tief in jedem von uns steckt: die geheime Macht des Unterbewusstseins.

Was zählt, zählt. – Oder?

Als Menschen sind wir automatisch stark nach außen orientiert. Unsere Sinne, mit denen wir das Leben aufnehmen und mit denen wir es verstehen lernen, sind nach außen gerichtet. Ich spreche vom Sehen und Hören, vom Schmecken und Riechen und vom Tasten. Alle diese Sinne sind nach außen gerichtet. Und weil uns diese Ausrichtung letztendlich das Überleben garantiert, haben wir Menschen gelernt, uns allein auf diese Sinne zu verlassen. Wir orientieren uns nicht nur mit diesen Sinnen, sie dienen uns auch dazu, unsere Umwelt zu gestalten, Dinge zu entwerfen, zu entwickeln und zu gestalten. Und es hat sich bei uns die Haltung verbreitet, dass nur das für uns existiert, was wir messen können. Und nur das, was wir zählen können, zählt. Alles andere hat keine Bedeutung.

Auch die Philosophie kennt diese Ausrichtung, die sich in den philosophischen Schulen des »Empirismus« oder »Positivismus« manifestiert, Strömungen, die gerade in den beiden vergangenen Jahrhunderten eine wahre Hochkonjunktur erlebt haben. Der Empirismus ist eine philosophische Position, die besagt, dass alle Erkenntnis aus der Erfahrung stammt. Nach dem Empirismus sind Wissen und Wahrheit auf Beobachtungen und Sinneserfahrungen gegründet. Empiristen argumentieren, dass wir unser Wissen durch die Sinne sammeln und daraus Schlüsse ziehen. Der Positivismus ist eine philosophische Schule, die auf dem Empirismus fußt und sich auf das Verständnis von Wissenschaft und Erkenntnis konzentriert. Der Positivismus lehnt metaphysische Annahmen ab und betont die Bedeutung von objektiven Daten und messbaren Ergebnissen. Sie geben scheinbar Gewissheit und Verlässlichkeit.

Das hat auch etwas mit einem Phänomen zu tun, das lange eine Grundüberzeugung der Menschheit bildete: dem Glauben an einen kontinuierlichen Fortschritt. Zugegeben: In den letzten Jahren ist dieser Fortschrittsoptimismus angesichts zahlreicher Krisen geschwunden; doch der Glaube daran, dass es kontinuierlich immer weiter und immer höher geht, dass sich das Rad des Lebens immer schneller drehen lässt, ohne dass wir heruntergeschleudert werden, der sitzt tief. Wird er enttäuscht, dieser Fortschrittsglaube, bleiben oft eine tiefe Ernüchterung, Verunsicherung und Ratlosigkeit zurück – etwas, das wir überall um uns herum beobachten können. Diese Fortschrittssucht, so könnte man sie zugespitzt bezeichnen, hängt wesentlich damit zusammen, dass nur das Sichtbare als wirklich gilt und zählt. Denn diesen Fortschritt muss man messen können, sei es nun in der Gesellschaft mittels Steigerungen im Bruttosozialprodukt oder durch Senkungen der Arbeitslosigkeit, sei es im persönlichen Leben, wobei hier das dickere Bankkonto, der schnellere Sportwagen oder das größere Haus als Messlatte dienen können – oder die zehn Kilo weniger auf der Waage oder die fünf Minuten, die wir schneller laufen als unser Kollege.

Und selbst im Sport zielt der größte Teil des Trainings nur auf das Messbare. Man benutzt ein ausgeklügeltes Fitnessstudio, engagiert einen Ernährungsberater oder Koch, man spart nicht am Physiotherapeuten und feilt an den körperlichen Fähigkeiten und an vielem anderen mehr. Immer wieder werden die neuesten und besten Trainingsgeräte und Maschinen angeschafft. All das ist sicherlich wichtig, und es ist nicht grundsätzlich verkehrt, dies zu tun. Und doch verbirgt sich dahinter die Maxime: Was zählt, zählt.

Wie aber steht es mit unserem größten Kraftpotenzial, unserem Unterbewusstsein? Wie steht es mit unserer geheimen Macht? Kann ich die zählen, kann ich sie messen? Zumindest nicht in der Form, wie ich es mit den gerade genannten Beispielen tun kann, und das führt dazu, dass wir unsere geheime Macht nicht mit dem Stichwort Fortschritt zusammenbringen und es uns gar nicht in den Sinn kommt, dass wir uns auch dort steigern können, selbst wenn wir das nicht auf einer Uhr oder Waage ablesen können. Wir können nicht fragen: »Hey, wie viel Zentner Angst bringt diese Person oder jene Mannschaft mit? Ich habe nämlich so und so viel Liter oder Kilo oder Meter davon.« Genauso wenig, wie wir sagen können: »Er oder sie ist so und so viel Amor-Einheiten stark verliebt.« Das gilt auch für andere Bereiche wie etwa für Vertrauen oder Motivation. Und natürlich wäre es für mich als Mentaltrainer wesentlich einfacher, wenn ich am Anfang eines Prozesses die Motivation oder mentale Kraft messen und dann nach mehreren Sitzungen sagen könnte: »Aha, wir haben uns bei der Motivation um x Punkte gesteigert, weiter so!« Doch das geht nicht – und das ist, wie wir später noch sehen werden, auch gut so. Stattdessen müssen wir nämlich überlegen: Gibt es womöglich auch innere Sinne? Und wie können wir uns auf uns selbst richten? Kann das, was unsichtbar in unserem Inneren existiert, nicht auch nach außen sichtbar werden? Und wie können wir das tun, wenn wir das Leben mit den Augen sehen und mit den Ohren hören?

Von Herz zu Herz

Wie können wir jemandem etwas Unsichtbares beibringen? Das ist so gut wie unmöglich. Nicht völlig unmöglich, aber so gut wie unmöglich für die meisten von uns in der heutigen Zeit. Früher war das anders. Die alten Meister in den Upanishaden zum Beispiel haben häufig ganz einfach aufgehört zu sprechen. Das Wort »Upanishad« bedeutet wörtlich übersetzt so viel wie »sich niederlassen in der Nähe des Meisters« und bezieht sich auf die Lehren, die Schüler von einem spirituellen Lehrer erhalten. Diese Meister wussten, dass das Unterbewusste der Menschen miteinander vernetzt ist, wie wir das heute etwa vom Telefon kennen, und sie unterrichteten meist einfach in der Stille. Für uns kaum vorstellbar. Und auch im früheren Japan benutzte man zum Unterrichten oft die Weisheit »Ishin Denshin«, das meint »von Herz zu Herz« oder im übertragenen Sinne und auf unseren Kontext angepasst: »vom Unterbewussten zum Unterbewussten«. Aus vielen Aufzeichnungen und Berichten können wir erfahren, dass mit diesen Schülern irgendetwas in der Tiefe geschah, dass sich etwas in ihnen veränderte. Und zwar nicht auf der Ebene des logischen Denkens, sondern viel tiefer und nachhaltiger. Nur konnte man das nicht so einfach nachvollziehen, die Schüler mussten vertrauen, fast im wahrsten Sinne des Wortes blind oder auf jeden Fall stumm. Am Anfang haben das dennoch sehr viele Schüler, die diesem Meister gefolgt sind, akzeptiert. Doch mit der Zeit konnten immer weniger Schüler damit umgehen, immer weniger blieben übrig, vielleicht nur noch ein oder zwei. Im Hinduismus zum Beispiel wurden die so genannten »Rishis« berühmt, Seher, denen die heiligen Texte, die »Shrutis«, geoffenbart wurden. Über solche Offenbarungserlebnisse heißt es: »Auseinander fliegen meine Ohren, auseinander mein Auge, auseinander dies Licht, das in mein Herz gesetzt ist. Fort wandert mein Denken – mein Sinnen ist in der Ferne.«

Keine Angst. Wir müssen nicht wie die Rishis sein, das ist gar nicht unser Ziel. Aber wie kann es uns gelingen, dass auch unser Denken fortwandert und unser Sinnen in der Ferne ist? Meine Familie stammt aus dem Gebiet rund um Antakya in der Provinz Hatay, also dem Teil der Türkei, der ganz in der Nähe Syriens liegt. Und wir blicken zurück auf eine lange Tradition von Sehern. Mein Uropa zum Beispiel galt als ein großer Meister, als Guru. Ich hatte es schon erwähnt: Er wurde stolze 108 Jahre alt, hatte in seinem Leben sehr, sehr viele Menschen unterrichtet und wusste Bescheid über Vergangenheit und Zukunft. Mir ist schon klar, dass wir aus dem Westen an so etwas nicht glauben, doch wieder und wieder habe ich erlebt, wie seine Vorhersagen eingetroffen sind. Unerklärlich, zumindest mit unseren modernen Methoden und Logiken. Als er schließlich 108 Jahre alt geworden war, rief er die gesamte Familie zusammen und sagte: »In drei Tagen gehe ich weiter. Kommt alle zusammen, ich will mich verabschieden.« Und tatsächlich: Er hat sich von allen Leuten verabschiedet, und am dritten Tag danach hat er zu meiner Oma, seiner Tochter, gesagt: »Liebe Tochter, die Zeit ist gekommen, ich gehe jetzt weiter.« Er ist aufgestanden, hat sich gewaschen, ein Gebet gesprochen, sich wieder hingesetzt – und ist friedlich eingeschlafen. Er wusste genau, zu welcher Sekunde seine Seele den Körper verlässt.

Ich habe große Verständnis, wenn ihr als Leserinnen und Leser jetzt etwas ungläubig schaut und das für unmöglich haltet. Doch genau so war es: Mein Uropa hatte eine unglaubliche Verbundenheit zum Unsichtbaren. Und ich selbst habe als Jugendlicher begonnen, diese Verbundenheit für mich zu entdecken. Zwar war ich gewissermaßen familiär oder karmisch vorgeprägt, wie man so sagt, doch erst die Beschäftigung mit dem Kampfsport und mit der Meditation, vor allem mit der fernöstlichen Philosophie und Religion, hat mich immer stärker in diese Themen eintauchen lassen. Ich spürte, dass da mehr ist, als wir mit unseren Augen sehen können. Und ich machte mich auf die Suche. Eine Reise von außen nach innen.

Wie wir unser Unterbewusstsein neu programmieren

Inzwischen habe ich viele Menschen auf diese Reise mitgenommen. Wir beginnen oft mit dem Versuch, der geheimen Macht in uns nachzuspüren. Wir wollen eine Ahnung davon bekommen, welche Energie in uns ist oder in uns sein könnte. Das spüren wir im Positiven wie auch im Negativen: Wenn wir zum Beispiel neben jemandem sitzen, der sich stundenlang nur über alle möglichen Dinge beschwert, der nur schimpft, also einfach nur negativ ist, dann werden wir uns danach völlig geschlaucht fühlen. Als hätte uns jemand regelrecht sämtliche Energie rausgesaugt. Andersherum fühlen wir uns nach einem Spaziergang in der schönen Natur oder einem tiefen Gespräch mit einer guten Freundin gestärkt und voller Energie, sodass wir danach sagen: Das hat jetzt richtig gut getan. Man fühlt sich inspiriert und beflügelt. Wenn wir uns das bewusst machen, haben wir das erste Mal diese Energie berührt, die in uns ist. Wir haben eine große Speicherplatte in uns – und genau diese Speicherplatte hängt eng mit unserem Unterbewusstsein zusammen.

Was genau meine ich mit diesem Begriff? Unterbewusstsein ist für mich eine Art universale und körperliche Intelligenz. Überleg mal: Wir werden geboren, und sofort haben wir eine Kraft in uns, die diesen Körper magisch entwickelt. Die 100 000 Kilometer Gefäße in uns, das Herzklopfen, die Haut, unsere Haare, Nägel, Augen, einfach alles. Wir wachsen, aber das tun wir nicht, weil wir uns das vorgenommen haben und den Prozess bewusst steuern. Natürlich können wir uns mehr Muskeln antrainieren oder Haare wachsen lassen. Aber dass die Haare länger werden, dass unsere Nägel, auch wenn wir die schneiden, ständig nachwachsen, das beeinflussen wir nicht bewusst. Da ist eine unter- oder unbewusste Kraft am Werke. Diese Kraft, diese universale Lebenskraft, kann niemand erklären. Zumindest ist mir kein Wissenschaftler, kein Experiment, keine Theorie bekannt, die nach empirischen Maßstäben diese Kraft erklären könnte, zumindest nicht bis ins letzte Detail.

Für uns bedeutet das, dass wir uns dieser Kraft nicht auf den herkömmlichen Wegen nähern können. Das bewusste Selbst, so wollen wir es einmal nennen, ist am Rechnen, am Kalkulieren, wenn wir uns bewusst auf etwas ausrichten. Das Unterbewusstsein wiederum nimmt alles auf, was wir hören oder spüren, nicht nur von jemandem, der direkt zu uns spricht, sondern zum Beispiel auch in Situationen, wenn wir in einem Café sitzen und jemand hinter uns dies oder das von sich gibt. Das Unterbewusstsein wägt nicht ab, es ist wie ein

Topf ohne Deckel, ein offener Trichter, es nimmt alles auf, was reinkommt.

Und nun die Frage: Was passiert eigentlich, wenn wir das nutzen und unserem Unterbewusstsein bewusst bestimmte Dinge sagen? Was tut sich, wenn wir diese Energiespeicherplatte, wie wir sie gerade getauft haben, gezielt mit aufbauender Energie versorgen? Das Unterbewusstsein nimmt letztendlich das auf, was am häufigsten wiederholt wird, was es am besten kennt und was es am intensivsten fühlt. Und das wird dann zur Realität. Wenn wir etwas für uns im Leben verändern wollen, haben wir mehrere Kanäle. Wir können einerseits durch den Denkprozess, durch die Häufigkeit der Wiederholung etwas verändern. So wie wir eine Sprache lernen, indem wir Vokabeln oder die Grammatik wiederholen; so wie wir einen Schlag beim Boxen oder einen Freistoß im Fußball verbessern, wenn wir ihn wieder und wieder ausprobieren. Dann können wir irgendwann sogar unter größtem Stress die perfekte Technik abrufen oder wie aus der Pistole geschossen antworten – weil es im besten Sinne des Wortes in unser Unterbewusstsein eingegangen ist. Wir sagen auch oft wenn jemand eine Sache sehr gut beherrscht: »Er hat es im Blut.«

Das ist eine Möglichkeit. Eine andere Möglichkeit besteht darin, das bewusste Denken auszuschalten. Das geschieht bei Suggestionen oder bei der Hypnose, auch damit können wir unser Unterbewusstsein programmieren. Du kannst dir das vereinfacht so vorstellen: Wie schon gesagt, gleicht unser Unterbewusstsein einem Topf ohne Deckel, einem offenen Topf, den wir beliebig füllen können. Wichtig: Tun wir das nicht, dann bleibt der Topf nicht etwa leer, nein, er wird durch andere Einflüsse und Energien gefüllt – und vielleicht mit Dingen, die uns schaden und die wir gar nicht wollen.

Stellen wir uns einmal einen offenen Topf mit Erde vor, in die wir Samen legen. Die Samen, um im Bild zu bleiben, können wir letztendlich bewusst gießen, und wir können Sonnenlicht darauf fallen lassen. Irgendwann werden die Samen zu einer Pflanze, und diese Pflanze wird wachsen und Früchte tragen – wenn wir sie eben ausreichend mit Wasser und Licht ernähren. Das Wasser und die Sonnenstrahlen können unsere sprachlich formulierten Gedanken sein, aber nicht nur das. Auch unser Unterbewusstsein wird ganz stark von Bildern genährt. Wir können unsere Energiespeicherplatte mit Affirmationen und Visualisierungen füttern, um sie aufzuladen. Bilder sind extrem wichtig und sogar noch kraftvoller als Worte allein. Nicht ohne Grund heißt es: Ein Bild sagt mehr als tausend Worte. Wenn wir zum Beispiel in der Vergangenheit irgendwas Negatives erlebt haben, haben wir meistens das damit verbundene Bild im Kopf.

Wir werden später lernen, wie wir Bilder erzeugen, die auf der tiefsten Ebene unserer Energiespeicherplatte gesichert werden. Dafür – und dazu sind viele nicht in der Lage – müssen wir lernen, loszulassen und abzuschalten. Wenn wir ständig eine Autorennbahn an Gedanken in unserem Kopf haben, wenn wir unentwegt vor uns hin grübeln, schaffen wir es nicht, in die tiefen Ebenen unseres Unterbewusstseins vorzudringen. Wenn wir unsere innere Festplatte neu programmieren wollen, müssen wir das alte Programm verändern. Das können wir – und übrigens können nur wir Menschen das –, wenn wir offen dafür sind und den richtigen Weg dahin kennen.

Dazu hilft es, wenn wir uns eines klarmachen: Wir programmieren uns selbst – oder wir werden programmiert. Eines von beiden findet immer statt, und wir haben die Wahl, was uns lieber ist. Mit dem Programmieren oder Programmiertwerden beginnt jeder von uns bereits als Kind. In unseren ersten drei Lebensjahren werden bis zu neunzig Prozent unseres Unterbewusstseins geprägt. Und das sitzt dann sehr tief. Das heißt nicht, dass wir das nicht ändern können, aber so einfach und ohne ein genaueres Wissen, wie wir das angehen könnten, wird das ein fast unmögliches Unterfangen sein. Stefanie Stahl hat mit ihrem Buch *Das Kind in dir muss Heimat finden: Der Schlüssel zur Lösung (fast) aller Probleme* einen der erfolgreichsten Bestseller aller Zeiten geschrieben. Die Psychologin und Psychotherapeutin erklärt in ihrem Buch: »In der Fach- und Ratgeber-Literatur werden dem Persönlichkeitsanteil des inneren Kindes zumeist nur die Gefühle zugeordnet. Ich meine jedoch, dass das innere Kind, mit den Anteilen vom Schatten- und Sonnenkind, auch durch innere Glaubenssätze geprägt wird, die häufig überhaupt erst die Wegbereiter für die Gefühle sind. Wie ich bereits ausgeführt habe, versteht man unter einem Glaubenssatz eine tief verankerte Überzeugung, die etwas über unseren Selbstwert und unsere Beziehungen zu anderen Menschen aussagt. (…) Glaubenssätze entstehen zwar in der Kindheit, aber sie verankern sich tief in unserem Unbewussten. Und so werden sie unbewusst ins Erwachsenenalter als psychisches Programm übernommen. Sie haben einen erheblichen Einfluss darauf, wie wir wahrnehmen, fühlen, denken und handeln.«

Wir wissen heute zum Beispiel, dass ängstliche Erwachsene als Kinder nicht selten mit sehr viel Unsicherheit, Misstrauen oder sogar Angst konfrontiert waren. Ängstliche Eltern übertragen das Grundmisstrauen, das sie ihrem eigenen Leben gegenüber verspüren, oft direkt auf ihre Kinder. Eines meiner an sich völlig harmlosen Lieblingsbeispiele, das ich oft beobachtet oder gehört habe und das sicher jeder von uns kennt: Eltern sagen ihrem Kind: »Wenn du mit nassen Haaren rausgehst, wirst du krank.« Vielleicht war der Kleine vorher drei- oder viermal mit nassen Haaren draußen, und nichts ist passiert. Doch nachdem die Eltern es mehrmals gewarnt hatten und das Kind mal wieder mit nassen Haaren draußen war – zack, begann es zu husten und hatte Fieber oder sonst etwas. Oder ein anderer Klassiker: Die kleine Tochter klettert auf einen Stuhl oder auf ein Sofa, und die Eltern sagen ihr immer: »Pass auf, sonst fällst du noch hin, hör jetzt auf damit.« Das Kind fällt aber noch gar nicht. Und irgendwann, nach vier-, fünfmal: »Hör auf jetzt, sonst fällst du hin!«, purzelt die Tochter vom Stuhl, weint, und die Eltern meinen: »Siehst du, wir haben es dir doch gleich gesagt.« In beiden Beispielen wurde das Kind programmiert, und zwar völlig unnötig. Was wäre aber stattdessen gewesen, hätten Papa und Mama gesagt: »Komm, du schaffst oder kannst das, kletter einfach nur aufmerksam«?

Ich habe als Lehrer viele Schüler in unterschiedlichen Bereichen unterrichtet: an einer Förderschule für Kinder mit geistiger und seelischer Behinderung oder an einer Tagesklinik, in der sich sehr ängstliche, aber auch sehr aggressive Menschen befanden. Ich trainiere außerdem Profisportler und Unternehmer, darunter sogar Milliardäre. Und bei allen, wirklich allen, habe ich bemerkt: Wenn sie sich geöffnet und auf den Weg in ihr Inneres begeben haben, hat sich ihr Leben verändert. Unterschiedlich stark und unterschiedlich schnell, aber immer gab es eine Verbesserung zum Positiven. Diese Verbesserung konnte man oftmals im Außen erkennen, ohne dass man es sofort messen konnte, wie zum Beispiel in Form einer gesteigerten geistigen und körperlichen Kraft, einer größeren seelischen Harmonie, stärkeren inneren Balance etc. Neben der Offenheit, die ich schon angesprochen habe, braucht es dazu vor allem zwei Dinge: Disziplin und Motivation. Wie wir diese Motivation entwickeln und vor allem aufrechterhalten, werde ich dir am Ende dieses Buchs verraten – ein sehr wichtiger Aspekt für Veränderung und Nachhaltigkeit.

Der innere Download

Doch erst einmal genügt es zu wissen, dass die Programmierung unseres Unterbewusstseins ein Prozess ist. Die innere Festplatte ist ja schon beschrieben, und wir Menschen neigen dazu, uns nicht verändern zu wollen. Ich finde es bezeichnend, dass wir anderen zum Geburtstag wünschen: »Bleib so, wie du bist.« Warum eigentlich? Warum sollen wir so bleiben, wie wir sind? Bertolt Brecht hat das sehr schön in einer seiner Geschichten von Herrn K. beschrieben. Ein Bekannter begegnet Herrn K. und begrüßt ihn mit den Worten: »Sie haben sich gar nicht verändert.« Und was antwortet Herr K.? »›Oh!‹, sagte Herr K. und erbleichte.« Im physischen Sinne mag das, was Herr K. gehört hatte oder was wir mit »Bleib so, wie du bist« meinen, ein Kompliment sein. Im geistigen Sinne ist es das nicht. Mit jedem Tag sind wir einen Tag mehr in der Schule des Lebens und sollten nie aufhören, uns zum Besseren zu entwickeln. Im alten Japan sagt man: »Ein Meister bleibt ein Schüler bis an das Ende seiner Tage.«

Wäre es deshalb nicht viel schöner zu wünschen: »Werde, wer du sein kannst und willst.« Um das zu erreichen, müssen wir unsere Gewohnheiten ändern. Denn das alte Sprichwort stimmt ja: »Wenn du etwas haben willst, was du noch nie hattest, musst du etwas tun, was du noch nie getan hast.« Am Anfang wehren wir uns unbewusst. Das Unterbewusstsein mag keine Veränderungen, es hält immer am Alten fest. Es ist so, wie wenn wir uns in unserer Wohnung befinden und sie nie verlassen wollen, weil wir hier ja alle Räume auswendig kennen. Oder es erinnert an unsere Kindheit, in der wir unser Lieblingsspielzeug nicht abgeben wollten, obwohl es schon ganz abgenutzt war und wir ein neues geschenkt bekommen hatten. Das muss nicht immer schlecht sein, man muss nicht ständig alles neu machen. Doch in diesem Fall müssen wir unser Unterbewusstsein positiv umprogrammieren, um neue Gewohnheiten, neue Habits zu kreieren. Das dauert und braucht Disziplin. Üblicherweise zwischen vier bis sechs Wochen, in denen wir jeden Tag die Technik oder das bestimmte Ritual anwenden. Und wenn wir es nur einmal vergessen, wirft uns das sofort wieder zurück. Wenden wir die Technik aber für vier bis sechs Wochen jeden Tag an, vielleicht sogar mehrmals am Tag, dann ist der innere Download fast abgeschlossen.

Brechen wir es aber bei neunzig Prozent ab, so starten wir nicht bei neunzig Prozent, sondern oft wieder bei null Prozent. Unser Unterbewusstsein ist sehr sensibel und hier perfektionistisch. Für mich ist es kosmisch. Alles ist geordnet und waltet nach eigenen universalen Gesetzen. Auch hier gilt wieder die richtige Formel: Steter Tropfen höhlt den Stein.

Das klingt vielleicht ein bisschen anstrengend. Und ja, etwas Anstrengung braucht es, wie bei einem Muskeltraining. Erst in der Anstrengung bekommen wir Kraftzuwachs. Wäre es zu leicht, wären wir auf der ganzen Welt nur von Meistern umgeben. Aber davon gibt es leider nur sehr wenige. Ein Sprichwort sagt: »Der Meister hat öfter versagt, als der Schüler es je probiert hat.« Vorausgesetzt, wir wissen, was wir erreichen und verändern wollen. Aber es gibt auch viele Menschen, die nicht wissen, was sie wollen. Was machen wir in so einem Fall? In welche Richtung will ich mich verändern? Welchen Weg soll ich einschlagen? Hier haben wir die Möglichkeit, mit unserem Denken zu wandern, und das nimmt uns ein wenig Anstrengung ab.

Wir können uns mit unserem Denken auf Zeitreisen begeben. Wir können fantasievoll Bilder kreieren. Oder wir können uns neue Lebensläufe ausmalen. Nehmen wir zum Beispiel drei Berufe, die wir uns für uns vorstellen. Wir nehmen uns Beruf A und malen uns so anschaulich wie möglich aus, wie es wäre, diesen Beruf auszuüben. Wir fragen uns: »Wie fühlt es sich an, wenn ich so lebe?« Dann malen wir uns Beruf B aus, und wieder fragen wir uns: »Wie fühlt es sich an, wenn ich so lebe?« Und schließlich machen wir das Gleiche mit Beruf C, wieder malen wir ihn uns aus und fragen uns und horchen auf die Antwort. Dann werden wir, wenn wir nur aufmerksam genug sind, sehr schnell und gut spüren, womit es uns am besten geht und was für ein Gefühl es uns gibt. Dieses Gefühl können wir als Energiequelle anzapfen, die uns in der Spur hält.

Das können wir wie im obigen Beispiel mit Berufen machen, aber auch mit vielen anderen Dingen. Wenn wir abnehmen wollen, aber leidenschaftlich gerne jeden Tag Schokolade essen und Cola trinken, dann können wir uns uns selbst vorstellen, wie wir aussehen würden, wenn wir fünf Kilogramm weniger auf den Rippen hätten. Oder wir stellen uns vor, wie es sich anfühlt, fünf Kilometer zu joggen, wachsamer zu sein und energiegeladener in den Tag zu starten. Wie wir locker die Treppen raufspringen und nicht mehr nach jedem Stockwerk Pause machen müssen und oben angekommen mit rotem Kopf vor uns hin schwitzen. All das können wir visualisieren, und wir werden spüren, wie sich das anfühlen würde. Wenn wir dann in uns hineinfühlen und uns fragen: »Will ich dieses Bild, ist es mir wert, auf Cola und Schokolade zu verzichten?«, erhalten wir sicher eine Antwort.

Wofür wir uns letztendlich entscheiden, hängt davon ab, wie sehr wir etwas wollen und wie gut wir etwas in unser Unterbewusstsein einprägen können. Denn es gilt: Zuerst bilden wir Gewohnheiten, und dann bilden die Gewohnheiten uns. Jeder und jedem von uns stellen sich diese Fragen: Wie stark brenne ich dafür? Wie stark will ich mich dafür einsetzen? Wie viel bin ich bereit, dafür zu bezahlen? Von meiner Zeit, meiner Energie, meinem ganzen Leben? Und nur, wenn wir diese Fragen wirklich ehrlich beantworten, wird es uns gelingen, unser Unterbewusstsein richtig zu füllen und für uns zu nutzen.

Schlüssel zu einem neuen Mindset

Zum Abschluss noch eine kurze Sache, die mir bei meinen Coachings häufig begegnet und auffällt. Ich habe diesen Satz schon einmal zitiert: »Where attention goes, energy flows.« Das ist gerade bei der Programmierung unseres Unterbewusstseins extrem wichtig. Wir können die geheime Macht unseres Unterbewusstseins nur dann nutzen, wenn uns klar ist, was auf uns einströmt und wie wir es lenken können. Wenn beispielsweise unser Umfeld die ganze Zeit zu uns sagt: »Du schaffst das nicht, du schaffst das nicht«, und ich befasse mich tagein, tagaus mit dem Satz, dann wird diese Botschaft immer stärker. Er wird kontinuierlich tiefer in unser Unterbewusstsein eingeschrieben. Was wir über den Samen und die Pflanze gesagt haben, gilt auch hier, nur dass sich das negativ auswirkt. Wir gießen diesen Samen, und er wächst und wächst und daraus wird eine Pflanze – aber eben keine schöne Pflanze, sondern eine hässliche oder ungesunde. Weil ich die Aufmerksamkeit die ganze Zeit auf diesen Satz und seine negative Botschaft richte, speise ich ihn mit der Energie, die wir nicht wollen, und lasse ihn wachsen. Ich ernähre ihn quasi, obwohl ich das eigentlich gar nicht möchte.

Lerne ich hingegen, mir einen Schutzmantel aufzubauen, und beachte das Gerede meines Umfelds nicht, dann lasse ich die Botschaft nicht an mich ran und gebe ihr keine Nahrung. Im übertragenen Sinne lasse ich diesen negativen Satz verhungern. Irgendwann stirbt er, der Samen ist dann eben nicht aufgegangen, weil ich ihn nicht gegossen und weil ich ihm auch kein Sonnenlicht gegeben habe. Das gilt für alle möglichen Probleme: Wenn ich mich ständig mit einem Problem befasse, lasse ich es größer und größer werden. Und das machen sehr viele Menschen falsch. Sie analysieren ihre Probleme ständig, sie richten alle Kraft und Energie nur auf das Problem – und nicht auf die Lösung. Auch im Sport gibt es viel zu oft und gerne mehr Fehleranalysen als richtig gemachte Analysen. Das erstmal bewusst zu erkennen und nur das größer werden zu lassen, was wir wünschen, mit den richtigen Gedanken und Gefühlen, mit einer zielgerichteten Aufmerksamkeit, ist der Schlüssel zu einem neuen positiven Programm, zu unserem neuen Mindset.

Der erste Schritt zu diesem neuen Mindset liegt darin, zu verstehen, dass unsere unsichtbaren Energien, also das, was wir stetig denken und fühlen, sichtbar wird. Wie innen, so außen. Dies ist ein universales Gesetz und gilt für uns alle. Es kreiert unsere Realität. Der zweite Schritt ist, sich auf die Suche nach der geheimen Macht in uns zu begeben. Wenn wir verstehen, dass uns unser Unterbewusstsein eine große

Chance bietet, unser Leben positiv zu beeinflussen, haben wir uns schon etwas geöffnet. Wir brauchen nun nur noch die richtigen Techniken, um unser Unterbewusstsein neu zu programmieren und es so zu nutzen, um unsere Ziele im Leben zu erreichen. Wer oder was will ich in meinem Leben sein? Welche Techniken das genau sind und wie wir sie verwenden, das werden wir uns im nächsten Kapitel genauer anschauen.

»Der eine glaubt, er kann.
Der andere glaubt, er kann nicht.
Beide haben recht.«

Meister deines Lebens: Die Kraft der Affirmationen und Suggestionen

Erstaunlich, was unser Unterbewusstsein alles kann, oder? Und das heißt letztlich: Erstaunlich, was wir können und was du kannst. In den vorherigen Kapiteln haben wir jene Macht entdeckt, die tief in uns steckt und die wir wecken und nützen wollen. Zum Teil auch bereits mit ganz konkreten und praktischen Übungen, die äußerst effektiv und effizient sind. Lass uns jetzt noch etwas tiefer in unsere Potenziale und Fähigkeiten eintauchen. Auf den nächsten Seiten möchte ich dir Erstaunliches über Techniken verraten, die uns auf unserem Weg in die tiefe innere Kraft und Stille im Alltag weiter voranbringen.

Auf der Reise zu uns selbst: Los geht's

Die Techniken und Übungen, die wir jetzt näher kennenlernen werden, können wir grob in zwei Kategorien mit den beiden Oberbegriffen »Affirmationen« und »Suggestionen« unterteilen. Was ist damit gemeint? Zunächst zu den Affirmationen. Vereinfacht könnte man sagen, dass es sich bei ihnen um Bestätigungssätze handelt. Diese Bestätigungen wirken auf unser Bewusstsein und unseren Intellekt ein. Hierzu ein Beispiel: Ich habe einen bestimmten Wunsch und will eine bestimmte Sache in meinem Leben realisieren. Um das zu erreichen, formuliere ich einige Sätze für mich, die ich ständig wiederhole und mir auf diese Weise immer tiefer einpräge. Wichtig ist dabei das Hineinfühlen. Wenn ich z. B. folgende Affirmationen praktiziere: »Ich bin gesund« oder »Ich bin erfolgreich« oder »Ich bin wohlhabend«, muss ich mich fragen: Wie würde es sich anfühlen, wenn ich gesund wäre? Wie fühlt es sich an, wenn ich erfolgreich bin? Wie würde ich mich durch meinen Alltag bewegen? Wie wäre meine Körpersprache usw.? Durch die ständige Wiederholung wirken diese Affirmationen in Kombination mit Gefühlen nun auf mich ein. Selbstverständlich können wir sie auch abändern und noch viel konkreter auf einzelne Wünsche oder Ziele ausrichten. Wichtig ist: Wir bleiben mit der Methode der Affirmationen auf der Ebene unseres Intellekts und der Logik.

Das konzentrierte Denken mit Imagination und Gefühl verändert Leben. In einer alten Schrift habe ich mal folgenden Satz gelesen: »Wenn Denken und Fühlen im Einklang sind, entsteht göttliches Wirken.«

Suggestionen hingegen wirken auf einer tieferen Ebene, also weniger auf der Ebene des Intellekts. Der Begriff »Suggestion« stammt vom lateinischen »suggestio«, was übersetzt »Eingebung« oder auch »Einflüsterung« bedeutet. Der Begriff wurde im 17. Jahrhundert gebräuchlich, wobei er zu Beginn manchmal noch mit einer eher negativen Konnotation versehen war, da man Suggestion im Sinne einer ungewünschten und schädlichen Manipulation von außen verstand. Wenn wir hier über Suggestionen sprechen, dann meinen wir damit sowohl Autosuggestionen, also Suggestionen, die von mir ausgehen und auf mich selbst gerichtet sind, als auch Suggestionen, die von anderen Menschen ausgehen. Entscheidend ist: Es handelt sich immer um Suggestionen, die gut für mich sind, die mich aufbauen und mir Kraft und Motivation für meine Vorhaben schenken.

Suggestionen sind im wahrsten Sinne des Wortes unterschwellig, weil sie am bewussten Denken vorbeischleichen.

Wir nutzen sie immer dann, wenn die Gehirnwellen weniger aktiv sind, zum Beispiel kurz vor dem Schlaf oder kurz nach dem Aufwachen. Und Suggestionen wirken schneller als Affirmationen, weil sie eben tiefer ansetzen; Affirmationen wiederum kann man zum Beispiel im Alltag den ganzen Tag immer wieder vor sich hersagen, man kann mit ihnen kleine Rituale kreieren, die unseren Tag strukturieren und uns Halt geben. Sie sind wie der Rahmen für ein prächtiges Gemälde. Nicht für irgendein Gemälde, sondern für das Gemälde unseres Lebens, für unser Lebensgemälde.

Vielen Menschen fallen Suggestionen zu Beginn ihrer Reise zu sich selbst leichter, da man dabei sehr wenig oder gar nicht nachdenkt. Lass uns deshalb mit ihnen beginnen. Was wir dafür brauchen, ist zunächst entweder eine Person, der wir vertrauen und die weiß, was sie tut. Oder wir brauchen genug Wissen und Erfahrung, wie wir sie selbst anwenden können und mit ein wenig Praxis und Übung eine Art passive Aktivität erzeugen. Das sind dann genau die Zeiten kurz vor dem Einschlafen oder beim Aufwachen. In diesen Momenten sind die Gehirnwellen ruhiger. In der Fachsprache der Neurowissenschaftler sagt man: Sie sind im Alphazustand. Wir können Suggestionen auch selbst aufnehmen und sie uns zu gegebenen Ruhezeiten anhören. Was wir jetzt noch tun müssen, ist, uns einfach hinlegen, uns entspannen, zuhören und die Suggestionen auf uns wirken lassen. Vielleicht gönnen wir uns dazu etwas leise und meditative Musik, und schon verabschieden wir uns aus dem Hamsterrad unseres Bewusstseins.

Bei Seminaren mache ich übrigens immer eine gleiche Erfahrung. Wenn ich für die Teilnehmenden Suggestionen vorbereitet habe, sie sich hinlegen und mir zuhören, frage ich manchmal am Ende: »Und, was glaubt ihr, wie lange hat das gedauert?« Spoiler: Normalerweise liegt niemand mit seiner Antwort richtig. Alle glauben, viel kürzer »weggewesen« zu sein, und sind dann total überrascht. Sie können sich auch nicht im Detail an die Worte der Suggestion erinnern, spüren aber, dass da etwas war. Das ist ein Zeichen dafür, dass die Suggestionen in eine Ebene eingedrungen sind, die tiefer als unser logisches Denken ist. Tatsache ist, dass bei der richtigen Anwendung die Logik einen Schritt zurücktritt und das tiefere Unbewusste nach vorne kommt und alles aufnimmt, was wir als unterschwellige Nahrung hingeben.

Affirmationen fallen meiner Erfahrung nach zu Beginn weniger leicht. Damit meine ich nicht, dass es besonders schwierig wäre, den einen oder mehrere Sätze zu formulieren. Das ist kein Problem. Das Schwierige liegt eher darin, diesem Satz und seiner Botschaft tatsächlich zu glauben. Unser Unterbewusstsein hat ein altes Verhaltensmuster, ein Programm, das über Jahre hinweg eingestellt wurde. Dieses Programm zu verändern, dauert. Dafür brauchen wir Geduld und Disziplin. Wir müssen uns – das hatten wir schon im vorherigen Kapitel gesehen – regelrecht »umprogrammieren«. Und das kostet Zeit und Kraft. Das Alte hält sich hartnäckig, und das Neue lässt sich nicht eben so mal ruckzuck etablieren. Wir brauchen eine gewisse Routine, wir müssen dranbleiben. James Clear hat in seinem Megaseller *Die 1%-Methode* geschrieben: »Gewohnheiten sind wie die Atome unseres Lebens. Jede einzelne ist ein grundlegender Baustein, der zu einem großen Ganzen beiträgt. Anfangs erscheinen diese kleinen Routinen unbedeutend, aber sie summieren sich bald.« Was Clear hier über unseren Alltag sagt, können wir auch speziell auf unseren Geist übertragen. Nur wenn die Affirmationen zu unseren Gewohnheiten, zu unseren Habits, werden, wirken sie sich aus. Wenn sie das aber tun, dann können sie unser Leben entscheidend prägen.

Auf ins mentale Gym!

Um uns den Affirmationen weiter zu nähern, möchte ich kurz einen Schritt zurückgehen: Erinnerst du dich noch daran, was wir am Anfang des vorherigen Kapitels über diese irre Zahl von Gedanken gesagt haben, die uns täglich durch den Kopf schießen? Diese 70 000 bis 80 000 Gedanken pro Tag? Ja, dieses innere Selbstgespräch haben die meisten Menschen nicht auf dem Schirm, weil es eben unterschwellig abläuft. Wenn du das Experiment wirklich gemacht und über die Dauer von zehn Minuten deine Gedanken aufgeschrieben hast, weißt du, wie viel und vor allem was du gedacht hast. Probier das an dieser Stelle ruhig noch einmal aus. Und jetzt schau dir an, wie viele positive und wie viele negative, wie viele überflüssige und bedeutungslose Gedanken darunter sind. Sollten es mehr negative sein, sei beruhigt: Erstens ist das bei den meisten Menschen so. Und zweitens: Du kannst das ändern. Ja, der Großteil der Menschheit befindet sich in dieser Unachtsamkeit. Und wirklich jeder Mensch redet den ganzen Tag unterschwellig in sich selbst. Es läuft dauernd ein Gedankengespräch.

Diese Gedanken, die du aufgeschrieben hast und die nur ein Minutenbruchteil jenes inneren Selbstgesprächs darstellen, das du jeden Tag mit dir führst, können wir als Spiegel nutzen. In diesem Spiegel können wir erkennen, ob wir uns etwas zutrauen, ob wir Power haben, ob wir voller Euphorie sind. Oder wir sehen unsere Zweifel, wir blicken auf das, was uns einschränkt, und auf die Gründe, weshalb wir wieder und wieder scheitern. Wir sind zu verkopft. Doch wir können uns davon befreien. Wir können uns selbst – und auch andere – dafür sensibilisieren, indem wir uns bewusst machen, wie unser Bewusstsein beschaffen ist. Mach dir bewusst, wie viele Gedanken und Bilder dir durch den Kopf ziehen. Und dann stell dir vor, du würdest diese Bilder selbst malen, die Ströme selbst lenken.

Und hier eine gute Methode, dein Denken in die Verantwortung zu nehmen. Die meisten Menschen haben diese Verantwortung an das Außen abgegeben. Beim nächsten Mal, wenn du dich beim Zweifeln oder Sorgen erwischst – es kann auch Angst oder ein anderer negativer Gedanke sein –, frag dich im lauten Ton: »Wer denkt denn überhaupt?« Die Antwort sagst du laut vor dich hin: »Ich denke!« Nächste Frage: »Und wer ist für mein Denken verantwortlich?« Und wiederum sagst du: »Ich bin für mein Denken verantwortlich. Ich übernehme das Steuer.« Und wieder eine Frage: »Was will ich denken?« Antwort: »Ich will dies und das Gute denken.« Nach mehrmaligem Wiederholen dieses mentalen Gewichthebens wirst du stärker und stärker und lernst, dich in gewissen Momenten zu stoppen und neu auszurichten.

Dieses zielgerichtete und positive Denken ist der Schlüssel zu einem neuen Leben. Stell dir einmal vor: Du ersetzt die negativen Gedanken durch positive. Erst einige wenige und dann von Mal zu Mal mehr. So wirst du zum Meister deines Denkens und deines Geistes. Und so wirst du auch Meister deines Lebens.

Wenn wir das begriffen haben, dann haben wir schon eine wichtige Stufe genommen. Einige Techniken werden wir später noch kennenlernen. Im Moment soll uns die Vorstellung helfen, wir gingen ins Gym. Ja, richtig gehört, ins Gym, nur dass wir das Fitnessstudio nicht besuchen, um unsere Muskel zu trainieren oder uns zu stretchen. Wir gehen ins mentale

Gym, um unseren Geist zu trainieren und unser Mindset zu stärken.

Und wir werden belohnt. Im normalen Fitnessstudio trainierst du die Kraft und Ausdauer deines Körpers, im mentalen Gym trainierst du deine Konzentration und die Kraft deines Denkens, die sich wie ein Muskel mit der Zeit stärkt und aufbaut.

Meiner Erfahrung nach sind bei den meisten Menschen zwei Punkte häufig der Grund zur gesuchten Veränderung: Die Menschen suchen Erfolg und Harmonie. Sie suchen ein inneres Gleichgewicht.

Wenn jemand zu mir kommt, der in erster Linie auf Erfolg aus ist, dann besprechen wir, wie dieser Erfolg aussehen könnte. Denn wir müssen uns erst einmal sicher sein: Was genau ist mein Wunsch? Unser Gehirn braucht Klarheit. Und dann gehen wir diesen Wunsch step by step durch. Was ist der erste Schritt? Wo möchten wir damit in zwei Monaten sein, wo in zehn Monaten und wo in einem Jahr? Und wie wird es sich in einem Jahr anfühlen, was wird das Erreichen des Erfolgs in dir auslösen?

Halte dieses Gefühl fest. Fühl es, betrachte es, lebe es. Je bunter die Farben ausfallen und je prächtiger das Gedankengemälde vor dir entsteht, desto stärker wirken diese Ströme. Schau dir dieses vollendete Bild an, schau es dir wieder und wieder an, und mach dir klar, dass du selbst dessen Schöpfer bist. Und dann lass dich davon wie von einem inneren Navigationssystem leiten. Gib die Adresse ein und vertrau diesem unausweichlichen Gesetz des Universums, deinem Unterbewusstsein, denn es kennt oft den schnellsten und kürzesten Weg, und zwar viel besser als jede Logik. Auch wenn deine ersten Schritte auf diesem Weg vielleicht etwas unsicher geraten:

Wenn du dich darauf einlässt, wirst du merken, dass dich der Weg in Richtung Abenteuer deines Lebens führt. Und du wirst noch eine andere Sache merken. Entscheidend bei diesen Affirmationen ist etwas, worauf wir oben schon einmal hingewiesen haben: Sie müssen zu Gewohnheiten werden. Denn zuerst bildet man Gewohnheiten, und dann bilden die Gewohnheiten dich. Und das heißt: Wir müssen diese Bilder wieder und wieder malen, wir müssen sie wieder und wieder sehen. Das Tolle: Das klingt anstrengend, und das mag es am Anfang auch sein. Aber wenn wir diese Affirmationen einmal ritualisiert haben, wird es immer leichter. Sie werden zu unseren Weggefährten, sie werden zu Lebensbegleitern, ohne die wir nicht mehr sein wollen. Es ist genauso kraftzehrend, negativ zu denken. Also nutze ich diese Kraft doch lieber dafür, Gutes zu denken und damit Gutes zu kreieren. Davon haben wir alle viel mehr.

Für welche Zeitpunkte am Tag sollten wir die Affirmationen einplanen? Zwei Zeitpunkte eignen sich dafür besonders gut. Einmal die Momente kurz vor dem Schlafengehen. Denn wenn wir richtig runtergefahren haben, befinden wir uns in einem ruhigen Zustand. Wir können dafür zum Beispiel Alphawellen nutzen, verbunden mit entsprechend beruhigender Musik. Wenn du in diesem Zustand deine Affirmationen sprichst und dann schlafen gehst, arbeitet dein Unterbewusstsein im Schlaf an deinem Wunsch. Es sucht nach Wegen und Lösungen, die dem Intellekt meist fremd sind. So haben große Denker ihr Potenzial oft ausschöpfen können, ihnen sind manche ihrer weltverändernden Ideen im Schlaf oder in einem meditativen Zustand eingegeben worden.

Ein zweiter Zeitpunkt, der sehr geeignet ist, ist der Morgen. Denn dann ist dein Hirn noch frisch und ausgeruht und bereit für das Date mit dir selbst. Nimm dir nach dem Aufwachen dafür einige Minuten Zeit. Zuerst ist es hilfreich, sich seine Affirmationen aufzuschreiben. Es sollten nicht mehr als sieben oder acht Sätze sein. Schreib dir einige Dinge auf, für die du dankbar bist, und schreibe dir einige Dinge auf, die du erreichen willst. Die Sätze sollten in der Gegenwart geschrieben sein. Dann nimm deine Notizen und lies deine Sätze laut vor dich hin. Am besten dreimal. Dann liest du das Gleiche noch einmal, aber lautlos. So trainierst du gleichzeitig deine stillen Selbstgespräche. Und dann schließ deine Augen und sprich deine Affirmationen innerlich lautlos. So trainierst du Denken und Selbstgespräch auf verschiedenen Ebenen und erreichst in kürzerer Zeit eine Stabilität. Mach diese Übungen täglich für mindestens vier Wochen.

Entspannung ist gleich Vertrauen

Lass uns an diesem Punkt zu den Suggestionen wechseln. Wie gesagt: Am Anfang werden uns die Affirmationen sehr wahrscheinlich etwas schwerer fallen, weil wir uns erst an sie gewöhnen müssen. Suggestionen hingegen haben weniger mit bewusster Aktivität zu tun. Was bei ihnen sehr wichtig ist, ist, dass wir unseren Körper in einen Entspannungszustand versetzen. Um das zu erreichen, leite ich mich selbst oder die Klienten mit einer ruhigen Musik in einen Zustand, in dem der Körper sich wirklich wohlfühlt, in dem die Muskeln entspannt sind und der Geist sich öffnet. Der Geist öffnet sich immer nur, wenn er sich in einem Entspannungszustand befindet. Und so lautet auch einer meiner wichtigsten Sätze: Entspannung ist gleich Vertrauen. In einem Vertrauenszustand bist du offen, und du bist auch entspannt. Wenn du jedoch angespannt bist, dann bist du vom Misstrauen gefangen. Anders gesagt: Misstrauen ist ein Anspannungszustand, da kann nichts fließen. Sind wir dagegen entspannt, sind wir ruhig und relaxed, dann haben wir Vertrauen. In diesem Zustand können die Suggestionen wirken. Und selbst wenn wir dabei einschlafen, wirken sie trotzdem auf uns. Ob wir uns in einem Halbwachzustand oder in einem Schlafzustand befinden, das spielt keine Rolle; das Unterbewusstsein nimmt die Botschaften in jedem Fall auf. Und das ist der Unterschied zu den Affirmationen, die wir bewusst aussprechen. Das Gute: Wir können beides miteinander kombinieren. Affirmationen plus Suggestionen über den Tag verteilt. Die Mischung macht's.

Jetzt bist du hoffentlich neugierig geworden. Wenn du dir einen Eindruck verschaffen willst, habe ich etwas ganz Besonderes für dich: einen exklusiven QR-Code zu einem praktischen Beispiel, das du verwenden kannst. Bei den Suggestionen geht es hauptsächlich darum, den Körper zu entspannen, den Geist zu entspannen, es geht darum, loszulassen, zu vertrauen, Vertrauen zu gewinnen in den Fluss des Lebens, Vertrauen in sich selbst, das Selbstwertgefühl, das Immunsystem und unsere Gesundheit. Dabei wirken Naturgeräusche gut, Wasserrauschen oder Vogelgezwitscher, Windbrausen oder Regengeprassel. Wir sind Teile der Natur, und deshalb wirkt das so auf uns und geht, verbunden mit den entscheidenden Botschaften, tiefer in das Unterbewusstsein ein.

Ein Disclaimer, der mir wichtig ist und den ich meinen Klienten immer wieder sage: Wir können unglaublich viel aus uns selbst heraus erreichen. Doch oft nutzen wir nur einen kleinen Prozentsatz unserer Kapazitäten. Und daher können wir viele unserer Wünsche, aber auch unserer Probleme angehen. Es gibt Probleme, die einem kleinen Graben gleichen. Du läufst, und du fällst in diesen Graben hinein, aber dieser Graben ist nur dreißig Zentimeter tief, und du kommst auch selbst wieder raus. Mit deiner Kraft und deiner Disziplin kannst du dir weiterhelfen. Dann gibt es Probleme, die gleichen einer tieferen Grube. Du fällst hinein, sie ist einen Meter tief. Jetzt musst du dich mit den Händen rausziehen. Das kostet mehr Kraft, aber du kriegst es trotzdem wieder irgendwie hin. Nur dass es mehr Kraft und mehr Zeit kostet. Dann aber gibt es Probleme, bei denen fällst du in ein Loch von vielleicht zwei Metern Tiefe, aus dem du nicht mehr rauskommst. Aus eigener Kraft wirst du es nicht schaffen, egal, wie sehr du dich anstrengst und wie häufig du es probierst. Du brauchst jemanden, der dich herauszieht. Wir müssen also für uns herausfinden: Wo befinden wir uns gerade, ist es ein kleiner Graben, eine Grube – oder ein tiefes Loch? Ohne dieses Bewusstsein verstehen wir oft nicht, was wir gerade brauchen. Deshalb ist das essenziell. Und es ist sicherlich keine Schwäche, wenn wir uns bei einer guten Quelle Kraft zulegen können, im Gegenteil. Es ist Stärke. Jeder große Champion hat einen Mentor an seiner Seite.

Kleine Brücken bauen zu etwas Großem

Ein kleines Detail zum Schluss, noch einmal zum Thema Affirmationen. Manche von uns sind ja hervorragend darin, Sachen zu verdrängen. Und das nicht ohne Grund, denn zunächst mag sich äußerst angenehm anfühlen, etwas Unangenehmes auszublenden. Zugleich aber spüren wir immer sehr genau, wenn wir uns selbst belügen. Deshalb nützt es wenig, wenn wir uns etwas vormachen. Was heißt das in diesem Zusammenhang? Ich will es konkretisieren: Wenn wir krank sind, können wir natürlich sagen: »Ich bin gesund.« Dummerweise sind wir es in diesem Augenblick nicht. Und deshalb wird diese Affirmation nicht verfangen. Denn wir wissen und spüren mit jeder Faser unseres Körpers, dass wir es nicht sind. Daher ist es in dieser Situation entscheidend, dass wir unsere Affirmation abändern: Wir können zum Beispiel formulieren, dass wir auf dem besten Weg sind, gesund zu werden. Die Sprache der Affirmation befindet sich ja immer im Hier und Jetzt. Das Unterbewusstsein kennt weder Zukunft noch Vergangenheit, es gleicht unserem Herzklopfen, das sich allein im Jetzt befindet. Und auch wir können nur im Jetzt fühlen.

Wir können nicht morgen und auch nicht gestern fühlen. Wir können nur im Jetzt fühlen. Deswegen ist eine Affirmation immer nur dann richtig, wenn sie in der Gegenwart gesprochen ist. Wir müssen also Brücken bauen, was in unserem Beispiel bedeutet, dass ich formuliere: »Ich bin auf dem besten Weg zur Gesundung.« »Ich bin auf dem besten Weg zum Erfolg.« Dies hier ist jetzt ein Zwischenschritt, den ich hier und jetzt akzeptiere. Und durch diese Akzeptanz im Hier und Jetzt haben wir keinen Widerstand. Wir heben diesen Widerstand auf. Diese Brücke ist deshalb so wichtig, weil unser Geist über sie gehen kann. Wir selbst bauen sie und gehen dann selbst darüber – weil wir ehrlich zu uns selbst sind. Es geht bei Affirmationen und Suggestionen darum, sich selbst aufzubauen, lebensbejahende Energie anzuzapfen und somit sein eigenes Potenzial weggerecht auszuschöpfen, wir wollen in unsere Tiefe vorstoßen und wirklich das berühren, was ist und was wir sein können. Wir wollen Großes schaffen, entweder für und in uns selbst oder auch für unsere Mitmenschen und unsere Welt.

»Die Ruhe in der Ruhe ist nicht
wahre Ruhe. Das kann jeder.
Nur die Ruhe im Lärm des Alltags
ist die wahre Ruhe.«

Mental Shower

Die wahre Ruhe: Wo wir sie wirklich finden

Es gibt so manche Filmszenen, Bilder oder Skulpturen, die eine unfassbare Ruhe ausstrahlen. Das können Aufnahmen von klassisch anmutenden Landschaftsaufnahmen sein, in denen womöglich ein paar Vögel flattern oder vielleicht ein Fluss plätschert, Aufnahmen also, in denen es zwar nicht wirklich still ist, die aber dennoch von einer großen Ruhe geprägt sind. Es können, wenn wir Gemälde betrachten, tatsächliche Stillleben sein oder Bilder, die einen in Gedanken versunkenen Menschen zeigen, und obwohl wir sie in Museen betrachten, in denen es vor Menschen nur so wimmelt, gelingt es diesen Bildern, eine Ruhe auszustrahlen, die uns im Innersten ergreift. Oder es können Skulpturen sein, »Der Denker« von Rodin möglicherweise, die sich ebenfalls an diesen alles andere als stillen Orten befinden und deren Ruhe uns trotzdem nicht mehr loslässt. Wie kann das sein, dass wir auch hier Ruhe empfinden, obwohl es doch so laut ist? Was ist das mit der Ruhe? Was ist ihr Geheimnis?

Ich habe mich schon sehr früh auf die Suche nach der Ruhe gemacht und den Weg in die Stille beschritten. Auf den Zusammenhang zwischen den beiden, zwischen Ruhe und Stille, komme ich noch zurück. Mein Weg zur Ruhe begann so früh, weil meine Kindheit voller Unruhe und voller Lärm war. Ich habe dir schon erzählt, dass ich für eine gewisse Zeit bei meinen Großeltern aufgewachsen bin, die mich über alles liebten, die aber in einer Region lebten, in der der Bürgerkrieg Angst und Schrecken verbreitete. Ein täglicher Begleiter in unserem Alltag war der Lärm; und zwar nicht der Lärm des

Lebens, der aus dem Zusammenspiel befahrener Straßen, geschäftiger Basare und voller U-Bahnen erwächst. Der Lärm, den ich hier meine, das war der Lärm des Todes, das waren Schreie und Schüsse. Ich glaube, dass ich deshalb die Ruhe so sehr und so früh suchte, weil ich sie in meiner Kindheit nicht erlebt hatte.

Kann man den Tag begreifen, wenn man die Nacht nicht erlebt hat? Vermutlich nicht. Und so können wir die Ruhe nur wirklich begreifen, wir können sie nur wirklich spüren, schätzen und lieben, wenn wir die Unruhe kennen. Aber das ist in unserer Zeit ja meist der Normalfall. Wenngleich zum Glück nicht immer so wie bei mir als Kind. Wir alle werden als Babys von der Harmonie in die Nichtharmonie geboren. Unser erster echter Laut ist das Weinen oder Schreien. Kein Kind lacht bei seiner Geburt. Alle weinen. Es scheint, als gehörten der Lärm und die Unruhe untrennbar zu unserem Leben dazu, von Anfang an.

Auf meiner Suche nach Ruhe ging es mir deshalb auch nie um eine Grabesstille. Sondern um eine Lebensruhe, um Momente der Ruhe im Leben und im Lärm der Arena des Alltags. Ich bin mir sicher, wir alle wünschen uns eine Ruhe, die wir auch dann erleben können, wenn es um uns herum laut ist. »Die Ruhe«, so lautet eine meiner Weisheiten, »die Ruhe in der Ruhe ist nicht die wahre Ruhe. Das kann jeder. Nur die Ruhe im ›Stress‹ ist wahre Ruhe.« Wobei ich »Stress« hier in Anführungszeichen setze – denn diese Ruhe erlaubt es uns, gerade dann eine gewisse Kühnheit zu bewahren, wenn es hektisch zugeht.

Balance finden, Balance halten

Wie fühlt es sich an, ruhig zu sein? Ein Sprichwort kann uns vielleicht weiterhelfen: »In der Ruhe liegt die Kraft.« Warum sagen wir das? Weil wir ohne Hektik schneller und weiter vorankommen? Sicher. Weil wir die Dinge mit Genauigkeit und Sorgfalt effektiver und effizienter schaffen? Ja, auch das.

All das können wir mit Ruhe verbinden. Doch uns geht es hier um mehr, uns geht es um die wahre Ruhe, um die wahre Kraft, die in ihr liegt. Die Kraft wohnt bereits in uns. Die Kraft der Ruhe kommt daher, dass wir uns im Innern im Gleichgewicht befinden. Wir müssen nichts ausbalancieren, wir müssen keine Energie darauf verwenden, Geist und Körper im Gleichgewicht zu halten oder sie überhaupt erst ins Gleichgewicht zu bekommen.

Sind wir innerlich nicht in der Balance, kostet das Kraft. Wir kennen das, wenn wir zum Beispiel auf einem Untergrund laufen, der uneben ist. Selbst wenn wir es nicht bewusst tun, balanciert unser Körper die Unebenheiten permanent aus, um zu verhindern, dass wir ausrutschen und uns den Knöchel verstauchen oder gar fallen. All das kostet Kraft, selbst dann, wenn wir es nicht bemerken. Und so ist es auch in unserem Inneren. Befinden sich Geist und Körper nicht auf einer Ebene, müssen wir die beiden ausbalancieren, und das raubt uns Energie, bewusst oder unbewusst.

Ist die Disbalance größer, dann spüren wir das. Das, was wir spüren, ist Unruhe. Sie übersetzt sich in unser Äußeres. Wenn wir das bei anderen mitkriegen, fragen wir gerne: »Warum zappelst du denn so herum?« Innere Unruhe übersetzt sich in äußere und kostet Energie. Wenn wir nicht balancieren müssen, haben wir einen sicheren Stand. Im Kampfsport lernen wir, dass wir in der Regel dann einen Schlag ausführen, wenn wir einen sicheren Stand haben. Wir haben dann mehr Power und können alle Kraft in den Schlag legen. Wir sind für einen Moment im Gleichgewicht – und mag der noch so minimal und kurz sein. Und dann folgt die volle Bewegung.

Inneres Ungleichgewicht zieht auch automatisch Blockaden mit sich. Der Kraftfluss, unser »Chi«, wird gestört. Und was daraus folgen kann, sind Anspannungen, Verspannungen oder sogar Krankheiten. Wir befinden uns dann nicht mehr in unserer Leichtigkeit, haben unsere Einfachheit verloren und sind nicht mehr im Gleichgewicht. Somit entstehen negative Energien. Auf Englisch heißt das Wort »easy«, »einfach«. Und das Wort »disease« bringt man mit Krankheiten in Verbindung. Jeder weiß, wie es ist, wenn man sich entspannt und wohlfühlt: Dann ist automatisch auch alles easy. Und umgekehrt. Bei »disease« tritt genau das Gegenteil von Wohlbefinden ein.

Die Kraft, die in der Ruhe liegt, ist also Gleichgewicht, das Gegenteil von Disbalance. Gehen wir noch etwas weiter. Wenn sich Körper und Geist im Einklang befinden, sind wir auch deshalb entspannt, weil wir in Ordnung sind. Wir sind in Ordnung, weil Ordnung in uns herrscht. Kosmos – mit dem Begriff hatten wir uns schon einmal beschäftigt – bedeutet Ordnung. Wir sind also, so könnten wir es ausdrücken, kosmisch, weil wir in der richtigen Ordnung leben. Alles ist im Einklang. Wobei Ordnung zwar Ruhe bedeutet, aber eben nicht Stillstand. In jedem System, das geordnet ist, gibt es immer wieder Veränderungen, kleine Disruptionen. Diese Veränderungen wollen wir nicht nur, wir brauchen sie sogar, denn ohne sie befänden wir uns nicht in der Ruhe, unser Leben gliche eher einer Narkose oder einem Koma. Doch Ruhe ist kein Koma, sondern ein Geordnetsein, das wir benötigen, um uns zu behalten und zu verändern.

Wenn es uns gelingt, innerlich in Ordnung zu sein, dann sind wir es auch äußerlich. Das betrifft unseren Körper, das betrifft aber auch unseren Kosmos im weiteren Sinne, womit ich die Ordnung meine, in der wir leben: die Ordnung in unserer Familie, in unserem Freundeskreis, mit unseren Arbeitskolleginnen und Sportkumpels und die Ordnung mit uns selbst. Dann sind wir in Ordnung. Und dann ist, wie wir es gerne ausdrücken, alles in Ordnung. Denn dann haben wir die Kraft, um neue Veränderungen anzugehen oder auch Herausforderungen zu bestehen. Aus der Ruhe der inneren Ordnung heraus können wir unser Leben gut gestalten. Auch das ist die Kraft, die in der Ruhe liegt: das Gegenteil von Durcheinander und Chaos. Wir fühlen uns entspannt und im Einklang, selbst wenn unser Alltag von außen betrachtet anders aussehen mag.

Stellen wir uns jetzt einmal jemanden vor, der meditiert oder betet. Oder jemanden, der gerade aus der Sauna kommt und auf dem Liegestuhl relaxt. Oder, oder, oder … Wenn wir etwas nachdenken, werden sicher viele solcher Bilder vor unserem inneren Auge auftauchen. Aber lass uns einmal etwas genauer hinschauen: Wie ist dieser »jemand«, wie wirkt er auf uns? Unter anderem ist er entspannt, eben relaxt. Wer ruht, der entspannt, und wer in sich ruht, der ist und wirkt entspannt. Deshalb üben entspannte Menschen auch solch eine Wirkung auf uns aus: Sie übertragen ihre Ruhe auf uns, sie entspannen uns. Und damit geht ein tiefes Gefühl des Vertrauens einher, ein Gefühl, das uns sagt: Vertrauen ist gleich Entspannung, Misstrauen ist gleich Anspannung. All das spiegelt sich in der Kraft der Ruhe wider. Ruhe fühlt sich vertrauend oder selbstvertraut an. Ruhe fühlt sich harmonisch an. Ruhe fühlt sich relaxt an.

Von der Entspanntheit der Ruhe eine letzte Spur noch: Stellen wir uns einen See in den Bergen vor, wie er ganz still daliegt. So ein See ruht sprichwörtlich in sich selbst. Was verbinden wir noch mit diesem See? Meistens klares Wasser. Ruhiges Wasser meint klares Wasser. Und Ruhe bedeutet Klarheit. Wer in sich ruht, der ist klar. Ein Sprichwort sagt: »Nur im ruhigen Gewässer spiegelt sich das Licht der Sterne.«

Wenn wir bei unserem Bild des Bergsees bleiben und einen Stein in diesen See werfen oder vor unserem geistigen Auge ein Vogel auf der Jagd nach einem Fisch ins Wasser taucht, dann wird es an genau der Stelle, wo der Stein oder der Vogel die Wasseroberfläche berührt haben, kurz unruhig und unklar. Für einen winzigen Moment nur. Der See aber, der liegt weiter als Ganzes klar und ruhig vor uns – und die Stelle, an der der Stein oder der Vogel das Wasser beunruhigt haben, beruhigt sich nach wenigen Sekunden wieder. Dann ist das Wasser erneut ruhig und klar.

In der Ruhe liegt die Kraft der Klarheit. Wenn wir ruhig sind, können wir die Dinge klarer sehen – mit dem Herzen und dem Kopf. In Herz und Kopf findet das Gleichgewicht von Körper und Geist – die Ordnung in uns – mit der Kraft der Klarheit zusammen. Und aus dieser Klarheit heraus können wir selbst schwierige Probleme lösen, weil wir mit ihrer Hilfe die Probleme erkennen können. Und weil wir – erinnere dich an die vorherigen Kapitel! – dank der Klarheit verstehen und einschätzen können, ob wir diese Probleme umfließen oder aus dem Weg räumen sollten. Auch das meinen wir, wenn wir über einen Menschen anerkennend sagen: Der hat die Ruhe weg. Nicht, dass diese Person einfach tatenlos dasteht und gar nichts macht. Nein, aber sie ist ruhig und klar, und daraus schöpft sie ihre Kraft und lässt sich nicht ablenken. Je ruhiger wir sind, desto mehr können wir hören und aufnehmen und desto besser können wir uns einer gegebenen Situation anpassen.

Unruhe – unser inneres Gefängnis

Wir haben über die Kraft in der Ruhe gesprochen und darüber, wie es sich anfühlt, ruhig zu sein. Ich habe von meiner Kindheit erzählt, in der ich so viel Unruhe erfahren hatte, dass ich mich auf die Suche nach Ruhe begeben habe. Ich will in diesem Zusammenhang noch kurz ein paar Gedanken zur Unruhe anschließen. Einige ihrer Merkmale, vor allem, wie sie sich anfühlt, konnten wir schon auf den vorherigen Seiten kennenlernen. Ich will aber noch ein oder zwei weitere Bilder ergänzen, die uns bei der Visualisierung dessen unterstützen sollen, was Unruhe, verstanden als Gegenteil der Ruhe, eigentlich ausmacht. Auf diese Weise lernen und erkennen wir die Unruhe noch deutlicher, und wir lernen gleichzeitig die Ruhe noch mehr zu achten und zu schätzen.

Dazu eine Frage: Können wir auf ein Blatt, das bereits voll bemalt ist, noch etwas schreiben oder zeichnen? Ja, das können wir. Doch selbst wenn wir die grellsten Farben dafür heranziehen und den Pinsel oder Stift mit aller Gewalt aufdrücken, wird das Geschriebene oder Gezeichnete sehr wahrscheinlich nicht klar zu erkennen sein. Wir nennen solche Bilder gerne auch »unruhig«. Und genau deshalb holen wir uns für einen Brief, den wir schreiben wollen, keinen vollgekritzelten Zettel, sondern ein leeres Blatt Papier. Ob weiß oder gelb oder rosafarben, das spielt keine Rolle. Hauptsache, das Papier liegt leer und damit ruhig vor uns. Auf dieses leer-ruhige Blatt schreiben wir jetzt unsere Buchstaben oder zeichnen unsere Formen.

Ähnlich verhält es sich auch mit unserem Leben: Wenn es einem Blatt gleicht, das unruhig und vollgekritzelt vor uns liegt, dann wird es schwer sein, unsere Gedanken und Ideen und Träume dort zu hinterlassen. Weil Chaos herrscht und Ordnung fehlt. Unruhe ist ein Blatt, auf dem es für uns keinen Platz gibt.

Ein anderes Beispiel: die Musik. Musik beruht auf Ruhe, Musik braucht Ruhe. Womöglich wirst du jetzt fragen: Wieso das denn? Musik, das ist doch das genaue Gegenteil von Ruhe! Nein, das ist sie nicht. Lärm ist das Gegenteil von Stille und Ruhe – und das Gegenteil von Musik. Wer lärmt, der musiziert nicht. Musik braucht, so paradox sich das anhören mag, den Raum der Ruhe, um sich darin zu entfalten. Den Moment, in dem es still ist, bevor die erste Note gespielt wird. Musik wird, wie der Dirigent Fabio Luisi sagt, aus der Stille geboren. Die Ruhe, und das ist extrem wichtig, eröffnet den Raum. Es ist wie beim Beispiel des vollgekritzelten Blatts: Unruhe raubt den Raum, sie lässt keinen Raum. Wenn wir also unruhig sind, gibt es keinen Raum in uns.

Wir leben dann auf zu vielen inneren Quadratmetern, wir sind beengt. Unruhe ist Enge, Unruhe ist Gefängnis. Unsere innere Unruhe kennen wir gut vom Grübeln. Wenn wir grübeln, sind wir durch die unzähligen negativen Gedanken so eingeengt, dass kein Platz mehr bleibt für positive Gedanken. Das ist der Gedankenlärm, von dem wir vorhin sprachen. Und der lässt keinen Raum für Gedankensymphonien. Wer im Lärm des Alltags untergeht, hört die Musik seines Lebens nicht mehr, er wird sie auch nicht spielen. Und er musiziert auch nicht mit anderen. Weil nicht genug Raum da ist, weder für ihn selbst noch für andere. Wenn wir allerdings ruhig werden, dann machen wir Platz. Dann schaffen wir Raum für unsere Gedanken, für uns und für andere und für anderes.

Ein letztes Beispiel, diesmal aus der Welt des Autofahrens. Die meisten von uns kennen sicher aus eigener Erfahrung die Situation, dass beim Autofahren unser Blick plötzlich hin und her schweift, dass wir mal hierhin und mal dorthin schauen, dass wir, weil wir vielleicht auf eine wichtige Nachricht warten, ständig das Handy in die Hand nehmen, andauernd den Radiosender wechseln, oder dass wir auf die Rückbank gucken, um zu kontrollieren, ob wir den Anzug vergessen haben oder das Geschenk für die beste Freundin. Wir sind unruhig, wir sind abgelenkt. Und was passiert in diesen Momenten? Wir verlieren die Kontrolle. Wir verlieren die Kontrolle über unsere Umgebung, und wir können es nicht mehr richtig einschätzen, ob da vielleicht jemand plötzlich aus einer Parkbucht schießt oder eine Bodenwelle in der Straße ist. Wir lenken nach rechts, müssen korrigieren und ziehen zu sehr nach links. Wir fahren nicht ruhig, sondern schlingernd. Wenn es gut geht, kommen wir gestresst am Ziel an, denn solche Manöver kosten Kraft. Wenn es aber schlimm läuft, dann können wir die Kontrolle über unser Fahrzeug nicht rechtzeitig zurückgewinnen. Da reicht manchmal schon eine Zehntelsekunde, und es kracht. Heutzutage ist übrigens der Blick aufs Handy die häufigste Ursache für Unfälle.

Unruhe bedeutet also Kontrollverlust. Unruhe kann auch Unfall bedeuten. Wenn wir hingegen ruhig fahren, dann fahren wir entspannt. Das Gegenteil von Unruhe ist in diesem Fall Kontrolle; das Gegenteil von Unruhe ist außerdem Entspanntheit und vielleicht sogar Entspannung. Natürlich können geübte Fahrer auch bei Höchstgeschwindigkeiten die Kontrolle bewahren und von innerer Ruhe erfüllt sein. Aber dazu bedarf es vieler Jahre intensiver Vorbereitung und Übung.

In der Arena des Alltags

Unruhe, Hektik (auch so ein gutes Beispiel aus unserem Alltag) und Lärm bestimmen unsere Gesellschaft. Diese Entwicklung hat sich in den letzten Jahren vor allem durch die Digitalisierung und den ungebremsten Siegeszug von Social Media rasant gesteigert. In einem Beitrag des Deutschlandfunks, in dem das Buch des bekannten deutsch-koreanischen Philosophen Byung-Chul Han *Vom Verschwinden der Rituale* besprochen wurde, war folgendes Zitat zu hören: »Stille und Schweigen haben keinen Platz im digitalen Netz, das eine flache Aufmerksamkeitsstruktur hat. Sie setzen eine vertikale Ordnung voraus. Die digitale Kommunikation ist horizontal. Nichts ragt dort. Nichts vertieft sich. Sie ist nicht intensiv, sondern extensiv, was dazu führt, dass der Kommunikationslärm steigt.« Dazu gehören auch das »Immer höher« und das »Immer weiter« und das »Immer schneller« der Konsumwelt, über die Byung-Chul Han treffend sagt: »Der Kapitalismus liebt die Stille nicht.«

Das sollten wir uns merken: Der Kapitalismus liebt die Stille nicht.

Wir leben auf jeden Fall in einer viel schnelleren Zeit als noch vor nicht allzu vielen Jahren. Um ein Brot zu kaufen, musste man früher aus dem Haus gehen und vielleicht mehrere Kilometer laufen, was sicher einige Minuten Zeit gekostet hat. Heute erledigt das der Lieferservice. In dem Dorf, in dem ich als Kind gelebt habe, hatte ich ungefähr vier Kilometer zum Bäcker zu marschieren. Das nervte mich damals natürlich hin und wieder. Rückblickend allerdings war dieser Marsch ein Weg in die Ruhe.

Wir könnten noch unzählige Beispiele für die Schnelligkeit und Hektik unserer Welt finden, aber das Beispiel vom Lieferservice trifft es. Eine moderne Großstadt ist voll von Fastfoodketten. Menschen, die sich nur von Fastfood ernähren, essen meistens auch so: fast. Doch das ist nicht das Essen oder Trinken, das wir in unserem Wasserritual kennengelernt haben. Es ist nur Fast-Trinken, kein echtes. Und so ist ein Fast-Food-Leben auch nur Fast-Leben, kein echtes Leben.

Und auch hier gilt: Was und wie du isst oder trinkst, das bist du. Fragen wir uns doch: Warum eigentlich soll ich zehn Löffel auf einmal in mich reinstopfen – und warum nicht in aller Ruhe zehn hintereinander oder möglicherweise nur neun? Warum soll ich zehn Schritte auf einmal nehmen? Ich stolpere doch nur und falle hin. Wie wär's, wenn wir uns für eine Gangart à la Schritt für Schritt entschieden? Und warum sollte ich zehn Atemzüge auf einmal machen wollen? Das geht nicht, ich fange nur an zu husten. Wobei die meisten Menschen ohnehin zu kurz, zu flach und zu schnell atmen, was sie aus ihrer Mitte bringt.

Wenn wir also nicht fast leben wollen, sondern real, dann sollten wir uns fragen: Wie schaffe ich es, der Unruhe des Alltags zu entgehen – ohne mich komplett aus diesem Alltag zurückzuziehen? Nicht jede von uns möchte in einem Kloster oder in einem Tempel leben. Und nicht jeder hat die Zeit oder das Geld, um regelmäßig in einer längeren Auszeit zu verschwinden. Wie soll das also gehen, das mit der wahren Ruhe und dem Weg in die Stille? Dem Leben den Rücken zuzukehren und diesem beweglichen und pulsierenden Dasein schlicht auszuweichen, das scheint mir keine große Kunst zu sein. Vielmehr ist es eine Kunst, in der Arena des Alltags seine Mitte zu bewahren und sich selbst so gut wie möglich einzusetzen, für sich selbst, für unsere Mitmenschen und somit auch für Mutter Erde.

Als Einstieg in den Weg zur Stille soll eine schöne Beschreibung von Günter Hänsel dienen, die ich in der *Zeit* gefunden habe: »Still werden bedeutet also, dass ich stehen bleibe. Ich wende mich dem zu, was ist. Im Stillwerden bin ich ganz bei mir. Die leisen Stimmen kommen hervor und verschaffen sich Gehör. Stimmen, die sonst zurückgehalten werden, treten jetzt nach vorn.« Was Günter Hänsel hier beschreibt, haben wir zum Teil bereits kennengelernt: Das Wasserritual, das Gedankenordnen, der andere Blick auf Nahrung – all das sind Formen des »Stillwerdens«, des »Zur-Ruhe-Kommens«. Der Weg in die Stille muss nicht zwingend in ein Kloster führen, sondern kann uns durch den Lärm des Alltags leiten. Wenn es uns gelingt, im Alltag tief in unserem Inneren Stille zu bewahren, sind wir wirklich ruhig. Geist und Körper befinden sich dann im Einklang.

Eine hoffentlich motivierende Botschaft: Um die Ruhe in der Arena des Alltags zu finden, brauchen wir erst einmal nur eines: die Arena. Alles, was wir sonst für unsere ersten Schritte benötigen, liegt schon für uns bereit, und zwar jeden Tag aufs Neue. Einiges davon haben wir bereits kennengelernt, als wir über jene Nahrung nachgedacht haben, die mehr ist, als das, was wir essen. Unser Atem, das Trinken, unsere Gedanken und Emotionen und die stille Bewegung – all das können wir mit Techniken wie dem Trinkritual oder den Übungen nutzen, die dir am Ende dieses Kapitels spannenden neuen Input und schnelle, effektive Ergebnisse schenken werden. Wenn wir die kleinen Dinge des Alltags gelassener und vor allem bewusster angehen, wird sich das auch auf unser Unbewusstes auswirken. Von außen ändert sich wenig, die Hektik tobt weiter um uns herum. Aber in unserem Innern verändert sich etwas, die Hektik wird weniger und weniger, und womöglich wird sie eines Tages ganz verschwunden sein. Für die Welt um uns ändert sich nichts, aber für uns ändert sich die Welt.

Das Alltägliche wird zur Energiequelle

Haben wir das verinnerlicht, können wir später weitere Schritte machen, zum Beispiel, indem wir den kleinen Weg morgens von der Bushaltestelle zum Büro und später am Abend von der Bushaltestelle zur Haustür für eine kleine Übung nutzen:

- Wir atmen zweimal tief ein und zweimal tief aus.
- Wir atmen ein drittes Mal tief ein und aus und halten die Luft an. Ja, nach dem Ausatmen die Luft anhalten!
- Wir gehen langsam weiter.
- Wir zählen jeden Schritt. Vielleicht schaffst du fünf oder sechs Schritte, vielleicht auch fünfzehn oder als Geübter auch schon mehr als fünfzig. Es soll individuell auf dich angepasst sein.
- Irgendwann, wenn wir die Luft nicht mehr anhalten können, atmen wir tief durch die Nase ein und aus. Mehrere Male, bis wir wieder ruhiger atmen können. Das ist wichtig: nur durch die Nase. Für mindestens dreißig Sekunden.
- Wir gehen langsam weiter.

Das kann man gut in seinen Abendspaziergang einbauen oder wie gesagt auch in unsere alltäglichen Wege zu Fuß zum Auto, zum Bäcker oder wenn man den Hund Gassi führt etc. Möglichkeiten bieten sich hier jeden Tag genug.

Diese Übung ist sehr effektiv, nicht nur psychologisch, sondern auch physiologisch.

Was diese Übung bewirkt? Es ist eine Übung des Atemfastens. Wir lassen alte Energie ganz aus unserem Körper los.

Gleichzeitig entwickelt unser intelligenter Körper Stickstoffmonoxid. Und dieses Stickstoffmonoxid weitet unsere Gefäße und Atemwege. Es eliminiert zudem einen Großteil der Viren und Bakterien und macht uns allgemein fitter und widerstandsfähiger. Der Körper und das Gehirn werden besser mit Sauerstoff versorgt. Unsere Konzentration erhöht sich, und unsere Sinne gelangen in das Hier und Jetzt.

Diese Übung können wir immer wieder über einige Runden hinweg praktizieren. Und wenn es uns gelingt, sie zu einem festen Ritual werden zu lassen, dann haben wir einem eigentlich langweiligen Kapitel unseres Tages, dem Weg zur Arbeit und von ihr zurück nach Hause, eine immer wieder spannende Passage hinzugefügt. Das funktioniert übrigens auch sehr inspirierend beim Aufräumen oder Tellerwaschen. In den letzten Jahren wurden vor allem in Japan zahlreiche Bücher dazu publiziert, etwa die Veröffentlichungen der Bestseller-Autorin Marie Kondo zum Thema »Aufräumen«. Mithilfe dieser Übung verwandelt sich unser Alltag vom Stressor zum Entstressor.

Wenn mir das gelungen ist und ich auf jene Momente achte, in denen ich auf einmal in einem positiven Sinn nervös bin, in denen ich mich darüber freue, Auto zu fahren, zu putzen, zur Bushaltestelle zu gehen, kann ich diese Gefühle abspeichern. Aber ich kann sie nicht nur abspeichern, sondern ich kann meine Freude und positive Aufregung täglich wieder zurückrufen. Das ist die reine Bewusstheit, einen Schritt nach dem anderen zu gehen. Wenn es uns gelingt, diese Kunst im Alltag zu verwirklichen, dann hilft es uns, unser inneres Ungleichgewicht in ein inneres Gleichgewicht, unsere Unordnung in eine Ordnung und all die potenziellen Energiesauger in innere Kraftquellen zu verwandeln. Wir verspüren eine tiefere Lebensfreude und wir gelangen, obwohl wir alles in einer gewissen Langsamkeit ausüben, paradoxerweise schneller ans Ziel. Und nicht nur schneller: Die Kraft aus der Ruhe verleiht uns auch die Energie, die berühmte Extrameile zu gehen, die wir brauchen, um Besonderes zu schaffen. Das ist das Fantastische: Das Alltägliche wird zur Energiequelle für das Außergewöhnliche. Schritt für Schritt. Atemzug um Atemzug. Zuerst tust du, was du kannst. Dann machst du das, was möglich ist, und plötzlich schaffst du das Unmögliche.

Das Gesetz der Anpassung

Wir dürfen und sollen uns auch hier Zeit nehmen. Wir müssen nicht alles auf einmal angehen, im Gegenteil. Wie bei jeder anderen Kunst müssen wir auch hier eine gewisse Reife erlernen und uns dann langsam steigern. Das ist wie beim Autofahren: Keiner darf in seiner ersten Fahrstunde, wenn er vorher noch nie gefahren ist, gleich auf die Autobahn. Das geht nicht. Genauso wenig geht es, ohne jemals eine kalte Dusche genommen zu haben, direkt für fünf Minuten ins Eisbad zu hüpfen. Ansonsten ist der Schock vorprogrammiert. Wir sollten auch nicht in unserem ersten Probetraining im Kampfsport direkt in den Vollkontaktkampf gehen, das ist nicht ratsam. Und wir können auch nicht, wenn wir noch nie meditiert haben, sofort und direkt in die absolute Stille gelangen. Das ist unmöglich.

Okay, es mag in seltenen Fällen »Auserwählte« geben, die solche Begabungen haben. Doch wenn ich Geschichten von Menschen höre, die ohne jede Vorbereitung einfach mal eben so stundenlang sitzen und die große Erleuchtung haben … Nun ja, was soll ich dazu sagen? In der Regel ist das Quatsch oder Aufschneiderei, die für irgendwelche Marketingzwecke missbraucht wird. Die meisten Menschen auf dieser Erde müssen eine Kunst langsam und mit einer gewissen Disziplin erlernen.

Langsam und mit Disziplin: Das mag uns auf den ersten Blick etwas mühsam vorkommen. Aber wir sollten es gerade andersherum verstehen: als Chance zur Entspannung und Beruhigung. Denn diese Langsamkeit bedeutet doch vor allem: Wir dürfen die Dinge Schritt für Schritt angehen. Und das befreit uns vom Druck, vor allem von jenem Druck, den wir immer wieder auf uns selbst ausüben. Statt uns also an übergroßen Erwartungen abzuarbeiten, können wir uns am Gesetz der Anpassung orientieren.

Und dieses Gesetz ist einfach und effektiv: Beim ersten Mal setzen wir uns einfach hin und lassen unsere Gedanken an uns vorüberziehen. Wir beurteilen nicht, wir beobachten nur. Es ist wie im Film. Erst einmal eine Minute. Dann zwei. Dann drei. Irgendwann versuchst du, dabei deine Atemzüge zu zählen. Und nach einer gewissen Zeit nimmst du die nächste Anpassung vor: Wie ist deine Haltung? Kannst du sie verbessern? Danach kannst du den nächsten Schritt gehen und die nächste Anpassung vornehmen und die nächste und die nächste … Um welche Kunst es sich auch handeln mag, wenn man sie erlernen will, gilt: Folge dem Gesetz der Anpassung, folge diesem Gesetz der Anpassung Schritt für Schritt und mit Geduld.

Irgendwann prüfen wir die Anpassung in anderen Situationen, in stressigeren Lagen. Wir beobachten uns dann: Können wir auch hier cool bleiben? Wir testen unsere Ruhe in Situationen, die wir nicht beeinflussen können, in denen wir Sorgen und Zweifel und vielleicht sogar Angst haben. So wie jeder Mensch sie hat. Denn das sind unsere wahren Gegner im

Leben. Nicht das Äußere, sondern immer nur unsere innere Welt ist letztendlich die wahre Welt und das, was uns wirklich zu schaffen macht. Unser Inneres kann beides sein: unser bester Freund oder unser größter Feind. Das ist immer so. Denn egal, was uns das Außen zuflüstert, ohne unsere Reaktion ist es machtlos.

Ein einfaches Beispiel: Zwei Personen beleidigen dich, die erste macht das laut und aggressiv und in einer Sprache, die du gut verstehst, die zweite spricht leise und sanft und in einer Sprache, die dir völlig fremd ist. Beide Male aber ist die Beleidigung heftig. Im ersten Fall reagierst du sehr aufgebracht, im zweiten entspannt. Liegt das am aggressiven oder sanften Tonfall, oder liegt es an den Worten? Weder noch. In unserem Gedankenexperiment liegt es daran, dass du bei der ersten Person die Sprache kennst, in der du beleidigt wurdest, bei der zweiten Person hingegen nicht, obwohl die Beleidigung die gleiche war. Das meine ich, wenn ich sage: Am Ende zählt nicht der Außeneffekt, sondern unsere Reaktion. Was denke ich darüber? Wir sind der König oder die Königin unseres Denkens – zumindest können wir es sein.

Ich möchte dir an dieser Stelle kurz etwas verraten: Ich bin lange und weit gereist. Ich habe viele berühmte Persönlichkeiten kennengelernt, habe bei vielen inspirierenden Meistern studiert. Ich habe sehr prominente, aber auch völlig unbekannte Gurus besucht, ich habe die unterschiedlichsten Schulen und Richtungen der Philosophie, der Religion kennengelernt und die verschiedensten Variationen der Meditation ausprobiert. Aber ganz ehrlich: Es gibt keinen Ort der Welt, an dem du diese Ruhe findest, die du in dir selbst finden kannst. Kein Königreich da draußen ist wertvoller als das Reich in dir. Egal, wo du hingehst. Und selbst wenn du von einem kraftvollen Meister oder einer inspirierenden Meisterin lernst, gilt: Wenn du nicht an dir arbeitest, wenn du nicht Schritt für Schritt das Gesetz der Anpassung verfolgst, wirst du nie dauerhaft Ruhe in dir finden. Vielleicht wirst du punktuell zur Ruhe kommen. Und natürlich können dir bestimmte Techniken, Übungen und Weisheiten dabei helfen. Doch es ist letztendlich nur eine Frage der Zeit, bis du wieder in Turbulenzen geraten wirst. Der Ort der Stille, der Ort der Inspiration liegt innen, er ist nie im Außen zu finden. Stille kann helfen, ruhig zu werden. Wir können die Stille lieben. Doch die Stille sollte nicht die Grundvoraussetzung für Ruhe sein. Die Stille kann dir helfen, aber sie ist kein Muss. Es gibt Orte, die spirituell aufgeladen sind, die ein Trigger sein können. Doch am Ende findest du diese Ruhe und innere Kraft nur in dir selbst.

Eintauchen in die Grenzenlosigkeit

Wir wollen an dieser Stelle kurz innehalten und uns fragen: Wo stehen wir? Welche Meter sind wir in diesem Buch bisher gegangen? Lass uns überlegen: Welchen ersten Schritt entlang des Gesetzes der Anpassung wollen wir machen? Nicht die ersten fünf oder gar zehn, sondern nur diesen ersten Schritt. Schreib ihn ruhig auf und visualisiere, wohin dieser Schritt dich führt. Und dann geh los – denn wie jede Reise beginnt auch die Reise zu dir selbst mit dem ersten Schritt.

Wir befinden uns nun auf unserem Weg nach innen, und damit sind wir auf dem besten Weg. Doch schauen wir noch einmal tiefer: Wenn Stress und Zweifel und Sorgen zu unseren wesentlichen Störfaktoren zählen, sollten wir uns dann nicht die Frage stellen, woher sie letztendlich stammen? Genau über diese Frage spreche ich oft mit den Menschen, die ich begleite, und gerade die sehr erfolgreichen unter ihnen wollen häufig die Antwort darauf nicht hören: An der Wurzel nistet meistens die Angst. Eine bestimmte Angst: die Angst vor dem Unbekannten, dem Unsichtbaren und dem Ungewissen.

Wir könnten jetzt die vielen Ängste, die wir kennen, durchgehen: die Höhenangst, die Flugangst, die Angst im Dunkeln, die Angst auf dem Meer ... Sie alle verbindet ein gemeinsames Element: Letztlich wissen wir nicht, was auf uns zukommt oder wohin wir geraten; und das macht uns Angst. Wenn wir tief in uns forschen, stoßen wir zu dieser Wurzel vor. Und hier können wir weitere entscheidende Schritte gehen: Wenn wir dort in die Stille vordringen und uns fragen, was in einhundert Jahren sein wird, in zweihundert Jahren, in dreihundert Jahren, in vierhundert ... Wenn wir uns vorstellen, dass wir vergänglich sind und nicht einmal so viel wie ein Regentropfen im Meer der Zeit, wenn wir lernen, diesen Gedanken auszuhalten, dann kann es sein, dass wir plötzlich etwas verlieren: Wir verlieren unsere Angst. Wir sind nicht mehr an das Bekannte, Sichtbare und Gewisse verhaftet. Immer öfter lösen wir uns davon und stoßen in das Unbekannte, Unsichtbare und Ungewisse vor. Und mit jedem Mal lösen wir uns ein Stück, und sei es nur ein minimales, von unserer Angst, von der Wurzel vieler unserer Unruhestifter.

Dieses Eintauchen in die Grenzenlosigkeit ist nichts, was wir sofort erreichen oder auch nur versuchen sollten. Wir müssen viele Schritte vorher tun, um den Schritt in die innere Grenzenlosigkeit erfolgreich wagen zu können. Das gelingt meistens in der tiefsten inneren Stille und der Meditation. Wie im Tiefschlaf, in dem wir absolut keine Ängste, Sorgen und Zweifel haben. Wir wissen im Moment des Tiefschlafs nicht einmal, dass wir leben. Aber das interessiert uns überhaupt nicht. Der Unterschied in einer bewussten Meditation ist, dass du das mit einer gewissen Wachsamkeit erreichen kannst. Dein verkopftes Ich löst sich auf und verbindet sich mit etwas Unsichtbarem und Größerem. Wie Wasser, wenn es sich verbindet. Es wird mehr. Du wirst größer, und du wirst mehr. Nicht auf logischer Ebene, Aber du wirst es ganz sicher spüren.

Geht schnell, klappt immer: Ankertechniken

Lass uns nach diesem Exkurs in die Grenzenlosigkeit noch einmal zurückkehren zur Ruhe im Lärm des Alltags, der wahren Ruhe. Ich möchte dir zum Schluss noch ein paar wenige Instrumente aus meiner Toolbox vorstellen, die als Blitztechniken im schnellen Alltag sehr nützlich sind. Ich nenne sie »Ankertechniken«, weil sie einerseits im doppelten Sinne des Wortes sehr grundlegend sind und weil sie uns andererseits in der Ruhe verankern, auch wenn der Sturm der Hektik an uns reißt.

Ein Tool ist das Bewusstmachen und Bewusstwerden des eigenen Körpers. Immer wenn wir in Unruhe geraten, ist die Ordnung von Körper und Geist aus der Reihe. Der Geist wandert irgendwo herum, während der Körper sich noch hier vor Ort befindet. Während unser Körper etwa noch in der Schlange an der Supermarktkasse wartet, will unser Geist schon längst im Restaurant oder beim nächsten Termin sein. Wir schweifen ab, werden unruhiger und unruhiger. Lass uns in genau diesem Augenblick für zehn Sekunden die Hände reiben. Dann ATMEN wir dabei einmal bewusst tief ein und aus und lösen den Kontakt unserer Handflächen.

Langsam finden Körper und Geist wieder zueinander, wir finden ins Hier und Jetzt, wir fühlen uns besser. All das funktioniert mit ein wenig Übung allein durch das Reiben unserer Hände. Und je öfter du das geübt hast, desto schneller findest du deine Mitte.

Geist und Körper sind durch Brücken miteinander verbunden, und eine dieser Brücken ist die Atmung. Die Atmung bindet Geist und Körper aneinander. Und um über diese Brücke zu gehen, benötigen wir gar keine ausgefallene Technik, wir müssen einfach nur bewusst ein- und ausatmen. Wenn wir das tun, konzentrieren wir uns darauf und stellen uns vor, wie mit jedem Einatmen alle Zellen unseres Körpers mit Energie, mit Lebenskraft versorgt werden. Wir fühlen, wie dem ganzen Körper Kraft zugeführt wird. In der Regel sind wir uns gar nicht mehr bewusst, was so ein Atemzug mit uns macht und wie wichtig, ja lebenswichtig er ist. Würden wir für wenige Minuten darauf verzichten, würde jedes Organ aufhören zu arbeiten. Allein diese Bewusstmachung kann uns stärken. Das wirkt sehr schnell. Klar, je öfter wir das machen und je mehr wir das trainieren, desto schneller und stärker kann die Wirkung sein. Denn das wissen wir auch: Um im Lärm des Alltags zu bestehen, kann ein Training in der Stille essenziel sein.

Kraftquelle für andere

Wir sind fast am Ende unserer Reise zur wahren Ruhe angelangt. Einen Punkt habe ich immer wieder einfließen lassen; doch weil er mir wichtig erscheint, möchte ich ihn hier noch kurz betonen. Die wahre Ruhe zu erlangen, ist auch deshalb so wichtig, weil sie nicht egoistisch ist. Natürlich suchen wir erst einmal unser Königreich im Inneren. Doch wir wirken damit nicht nur auf uns, sondern gleichzeitig auch auf andere und auf unsere Umwelt. Bringen wir unser Inneres in Ordnung, können wir auch Ordnung für unser Außen anbieten. Das ist wirklich eine Win-win-Situation.

Zum Beispiel können Eltern ihren Kindern allein durch ihre eigene Ruhe viel Sicherheit und Stabilität mitgeben. Das geschieht auf einer tieferen, unbewussten Ebene. Das Kind wird harmonischer und allgemein gesünder für sein Leben. Das sind Prägungen, die von unglaublicher Wichtigkeit sind und gerade heutzutage sehr oft zu wünschen übrig lassen.

Ich möchte dir das anhand eines banalen Beispiels aus meinem Alltag schildern: Wenn ich mich nicht auf Reisen befinde, gehe ich mittags oft und gerne in ein ganz bestimmtes Café. Für mich ist das wie Hinsetzen und Meditieren, nur eben in einer anderen Form. Ich ging also eines Tages wieder in mein Café und genoss im Hier und Jetzt meinen Tee oder Kaffee. Und irgendwann sprach mich die Chefin des Cafés an, knapp sechzig Jahre jung. Sie meinte, ich hätte so eine ruhige Art, ich wirke immer so ausgeglichen. Wir kamen also ins Gespräch, und schließlich fragte sie: »Immer, wenn Sie in der Schlange stehen, spüre ich eine gewisse Kraft, eine tiefe Ruhe: Was machen Sie denn?« Ich sagte: »Dass Sie das spüren, zeugt davon, dass Sie eine gewisse richtige Intuition mitbringen. Nicht jeder kann das spüren.« Ich erzählte ihr ein wenig von meinen Erfahrungen, und nach diesem Gespräch wurde sie eine meiner ersten regelmäßigen Privatschülerinnen. Sie verriet, dass sie selbst eine NLP-Ausbildung habe und sich viel mit der Psyche und Neurolinguistik beschäftige. Doch den Weg zur wahren Ruhe, den habe sie erst mit unserem gemeinsamen Unterricht zu entdecken begonnen, und dieser Weg habe sie in gewisse Tiefen und Höhen geführt, die für sie lebensverändernd waren. Ein kleines Beispiel von unzähligen Erlebnissen, die sich in den letzten Jahren abgespielt haben.

Ich finde, das zeigt ganz gut, dass unsere eigene Ruhe zur Kraftquelle für andere werden kann; etwa in Situationen wie dem Schlangestehen an einer Brottheke. Nicht in einem Retreat oder Seminar, sondern im Alltag. Mir war nicht bewusst, dass ich auf die Dame so wirkte. Und dennoch nehmen Menschen, die für das Feinstoffliche empfänglich sind, diese unsichtbare Ebene wahr. Und selbst bei Menschen, die sehr gestresst sind und es nicht so wahrnehmen können, gilt: Wenn sie oft auf Menschen mit solch einer Ruhe treffen – das ist zumindest meine Erfahrung –, wird etwas in Bewegung gesetzt, das sich positiv auswirkt. Mit der Zeit merken sie, dass ihnen das guttut.

Dein neues Alltagsritual

Zu guter Letzt möchte ich dir noch eine einfache und sehr effektive Übung für deine Arena des Alltags mitgeben. Wir alle leben in dieser heutigen schnellen Welt und sind auch nicht selten von einem Termin zum anderen getrieben. Oftmals machen wir uns nicht einmal die Mühe, irgendeine Veränderung für unser Leben anzugehen, und bleiben in einer Art Hamsterrad stecken. Es gibt viele Momente in unserem Alltag, in denen wir uns für einige kurze Momente zurückziehen oder einfach innehalten können. So haben wir auch immer die Zeit, zum Beispiel auf das WC zu gehen, egal wie eng wir terminiert sind.

Hier eine Übung: Wenn du aus dem Haus gehst und wegen irgendeines Termins zu deinem Auto läufst, kannst du, wenn du dich in dein Auto setzt, für dreißig Sekunden im Sitzen die Augen schließen, bevor du dein Auto startest. Dabei atmest du normal und langsam tief ein und aus und sprichst eine für dich passende Affirmation. Das könnte zum Beispiel so aussehen: Nach zwei oder drei tiefen Atemzügen sagst du zu dir selbst: »Ich bin dankbar für diesen einmaligen Tag und heute werde ich wieder mein Bestes geben, in allem, was ich tue. Und ich freue mich auf das, was dieser Tag mir bringen wird.«

Dies ist nur ein Beispiel einer möglichen Affirmation kombiniert mit dem bewussten Atmen.

Das Ganze dauert dreißig bis sechzig Sekunden und wird dir sicherlich kein bisschen Zeit deines Tages wegnehmen. Ganz im Gegenteil. Es wird deine Mitte stärken und dich von Termin zu Termin in einem stabilen Gleichgewicht behalten.

Und bevor du bei deinem Termin oder wo auch immer aus deinem Auto aussteigst, hältst du wiederum inne. Nur für dreißig bis sechzig Sekunden. Und wiederholst dein alltägliches Ritual in dieser Kurzform. Wenn du dieses Ritual drei bis vier Mal in deinem Alltag aufrechterhalten kannst, wirst du merken, dass du dich in deinem Alltag nicht auf diese Art des Gehetztseins einlässt, und du baust dir tatsächlich damit einen Schutzmantel der inneren Ruhe. Es wird am Ende des Tages, wenn du es vier bis fünf Mal machst, nur drei bis fünf Minuten kosten. Aber ich garantiere dir, dass diese drei bis fünf Minuten deine gesamten 24 Stunden positiv beeinflussen werden.

Probier es gern über mehrere Tage aus. Diese einfache Übung ist trotz allem für viele Menschen sehr schwer durchzuführen. Weil das unbewusste Hamsterrad meist die Kontrolle übernommen hat. Gib dir einen Ruck und durchbrich diese negativen Muster, indem du der wichtigsten Person deines Lebens ein wenig Zeit und Beachtung schenkst. Und das bist du selbst. Und wenn du es hinbekommst, dich immer wieder kurz zu sammeln, wirst du merken, dass auch deine Termine an Qualität zunehmen. Denn gesammelt bist du mehr.

»Suche niemals nur das Glück
in anderen, es wird dich irgendwann
einsam machen. Suche es in dir selbst
und du wirst glücklich sein,
auch wenn du alleine bist.«

Das Treffen mit dir selbst: Die prägendsten Minuten des Tages

Hattest du heute schon einen Termin oder vielleicht sogar mehrere? Wenn ich den Menschen in meiner Umgebung diese Frage stelle, lautet die Antwort darauf meist Ja. Kein Wunder! Unser Alltag ist voller Termine. Und wir alle nehmen uns immer wieder Zeit für andere und anderes. Unter den vielen Terminen gibt es sicher einige wichtige, bestimmt aber auch etliche, die weniger bedeutend sind. In unserer heutigen schnellen Zeit sind wir Getriebene. Wir hetzen von Termin zu Termin. Immer ist etwas zu tun und wir merken gar nicht mehr, wann und wie wir in Stress geraten. Alles muss schnell gehen. Und nur zu oft bekommt man zu hören: Ich habe keine Zeit, ich habe viel zu tun. Ich muss noch dies und das erledigen. Sogar beim Essen ist das so. Da greifen die meisten auf Fast Food zurück, da ja alles rasend schnell gehen muss.

Wie viele Menschen nehmen sich Zeit für sich selbst? Wie oft oder wie selten geschieht das? Und wie wichtig ist uns diese Zeit für uns selbst? Weißt du eigentlich, dass du die wichtigste Person in deinem Leben bist? Sogar dann, wenn es deine Berufung ist, anderen zu helfen, und du für andere lebst, etwa für deine Kinder. Denn wenn es dir nicht gut geht, kannst du niemandem etwas Gutes geben. Dann fällst du zur Last, dir selbst und auch den anderen.

Wir können nur das geben, was wir haben, das gilt im Inneren wie im Außen. Hast du reichlich zu essen, kannst du dieses Essen verteilen. Hast du keins, dann kannst du auch anderen nichts davon geben. Genauso ist es mit dem Geld, mit dem Materiellen, genauso ist es aber auch mit den inneren Bereichen. Diese unsichtbaren Elemente sind es, die unser Leben negativ oder positiv prägen. Hast du etwa Mut, dann kannst du anderen Mut geben. Bist du voller Ängste und Probleme, dann wirst du auch dies bewusst oder unbewusst verbreiten. Wenn du eine tiefe innere Ruhe in dir trägst, kann das den Menschen in deiner Nähe helfen, ruhiger und ausgeglichener zu werden. Und so verhält es sich in allen Bereichen des Lebens. Mit Sorgen, Zweifeln, Stress, Frohsinn, Kraft, Sicherheit und, und, und … Wirklich in allen.

Wie uns unsere Umgebung manipuliert – und was wir tun können

Zurück zu deinem Treffen mit dir selbst. Hinter diesem Begriff verbergen sich die kostbarsten und wichtigsten Momente deines Tages und somit deines Lebens. Alles beginnt tief in deiner Wurzel. Von dort aus entwickelst du eine gewisse Stabilität oder Instabilität. Wir wollen hier jedoch nur in eine Richtung gehen. In die Richtung zur inneren Stärke und zum inneren Gleichgewicht. Du wirst lernen, deine Energie zuerst auf dich selbst zu lenken und danach auch in verschiedene Richtungen, auf Dinge oder Menschen auf dem Weg deines Lebens.

Im vorigen Kapitel haben wir gelernt, wie wir den Weg in die Stille und die innere Ruhe finden und beschreiten können. Allerdings ist es in unserem Alltag häufig so, dass wir uns wegen der vielen Treffen mit anderen oft selbst vergessen. Werden wir zum Beispiel angerufen und nach einem Termin gefragt, sei es nun im Business oder vielleicht auch nur auf einen Kaffee, dann haben wir dafür in der Regel mehr Zeit und auch mehr Lust als für den Termin mit uns selbst – vorausgesetzt, die andere Person ist uns sympathisch oder im Business wichtig. Warum aber ist das so? Warum ziehen wir andere uns vor?

Die Antworten auf diese Fragen können einiges in uns auslösen. Zugegeben, am Anfang werden sie uns wahrscheinlich schwerfallen. Denn wer entdeckt schon gerne, dass er seine Zeit lieber mit anderen und nicht mit sich selbst verbringt? Dazu noch einmal Stefanie Stahl mit ihrem Buch *Das Kind in dir muss Heimat finden*: »Wenn wir unsere Probleme in unserem heutigen Leben lösen möchten, dann müssen wir auf einer tieferen Ebene verstehen, worin unser *eigentliches* Problem besteht. Hierfür ist es wichtig, dass das Schattenkind in uns zu Wort kommen darf, damit wir erkennen, wo unsere Schwachpunkte, unsere sogenannten *Trigger* sind. Viele Menschen wollen mit diesem Teil ihrer Persönlichkeit nicht in Kontakt kommen. Sie wollen ihre inneren Verletzungen und Ängste nicht spüren. Das ist ein ganz natürlicher Schutzmechanismus und ein sehr verständlicher Wunsch. Wer mag es schon, sich traurig, ängstlich, minderwertig oder gar verzweifelt zu fühlen? Wir alle haben ein großes Interesse daran, diese Gefühle möglichst zu vermeiden und nur die guten mitzunehmen, wie Glück, Freude und Liebe.«

Diese Diagnose ist sicher richtig. Doch erstens warne ich davor, dass wir uns zu sehr mit den »Schattenkindern« in uns beschäftigen. Natürlich sollen wir nicht alles verdrängen. Doch nach dem Gesetz »Where attention goes, energy flows« besteht die Gefahr, dass wir, wenn wir uns zu sehr aufs Schattenkind konzentrieren, all unsere Aufmerksamkeit und damit unsere Energie auf das Problem richten und es dadurch nur größer machen. Insofern ist es zwar durchaus wichtig, dass wir solche frühkindlichen Prägungen erkennen, wir sollten aber unsere Aufmerksamkeit noch stärker auf unsere positiven Energiespender richten.

Zweitens, und anknüpfend an die Frage vorher, gibt es in meiner Erfahrung noch andere, noch häufigere Gründe für unsere Orientierung nach außen, die meistens gar nicht bewusst geschieht. Unsere Außenorientierung ist etwas, das wir von Geburt an lernen. Zunächst ist das schlicht überlebenswichtig: Als Baby müssen wir von unserer Außenwelt lernen, wir sind von ihr abhängig, zunächst meistens von unseren Eltern. Später kommen dann noch viele andere Menschen dazu. Ohne das Außen zu beobachten und unsere Erfahrungen zu machen, können wir nicht wachsen, nicht weiterkommen, uns nicht entwickeln. Und diese Entwicklungen haben einen entscheidenden Vorteil, der uns prägt: Sie sind sichtbar. Für uns und vor allem für andere. Und darin liegt eine doppelte Bestärkung: Indem wir uns am Außen orientieren, ändern wir uns, und diese Änderung wird vom Außen beobachtet, bemerkt und beurteilt. Egal, wie diese Beurteilung ausfällt, sie beeinflusst uns, und wenn auch nur unterbewusst. Wir reagieren darauf, und das Spiel geht in die nächste Runde.

Fragen wir doch einfach mal unsere Freunde und unsere Familie, was sie mit »Erfolg« verbinden. Die meisten werden dabei an Äußerliches denken, an Materielles. Eine erfolgreiche Frau hat irgendeine Medaille gewonnen, sie trägt irgendeinen Titel; ein erfolgreicher Mann fährt ein großes Auto oder hat ein dickes Portemonnaie. Allein bei dieser Aufzählung merken wir schon, wie klischeehaft das ist. Und trotzdem ist diese Sicht tief in uns verankert, zumindest bei den meisten. Zuerst das Außen, so lautet die Devise, die immer in uns mitschwingt. In einem engen Zusammenhang damit steht das, was wir im Kapitel zu unserem Unterbewusstsein gesehen haben: Das Außen ist messbar, das Innere nur schwer. Und was messbar ist, ist greifbar. Was greifbar ist, ist real. Scheinbar.

Das Problem mit der Aufmerksamkeitsspanne

Unsere Außenorientierung verstärkt sich also von selbst und ist immer nur vorläufig und flüchtig. Darin liegt ein Grund, warum wir nicht zur Ruhe kommen. Dazu kommt ein zweites Phänomen, das wir sehr deutlich spüren, wenn wir uns in die Stille begeben. Ich meine das Phänomen unserer geringen Aufmerksamkeitsspanne. Wer es schon einmal ausprobiert hat, einfach mal zehn oder sogar mehr Minuten stillzusitzen, ohne in Gedanken abzuschweifen, der weiß, wovon ich rede. (Erinnerst du dich noch an das Experiment, das wir dazu gemacht haben?) Aber diese geringe Aufmerksamkeitsspanne reicht viel weiter, sie bezieht sich auf unser gesamtes Leben und auch auf unser Außen.

Dazu ein Beispiel: Wir alle haben uns vermutlich schon einmal ein neues Handy gekauft. Am Anfang haben wir leuchtende Augen, wir zeigen das Handy stolz herum, probieren die neuesten Features aus, laden Apps herunter, legen uns tolle Klingeltöne zu. Nach einem Monat ist die Aufmerksamkeit schon geringer. Nach sechs Monaten schmeißen wir es ab und zu in die Ecke. Und nach einem oder spätestens zwei Jahren tauschen wir das Telefon aus. Es juckt uns nicht mehr. Unsere Aufmerksamkeit ist abgestumpft. Her mit einem neuen Aufmerksamkeitsziel! Das Außen fängt uns schnell ein. Aber es lässt uns auch schnell wieder los. So geht es meist mit allen materiellen Dingen zu. Sogar in Beziehungen. Anfangs ist alles neu, und nach einiger Zeit wird alles zur abgestumpften Gewohnheit. Obwohl die reale Wirklichkeit immer neu ist. Jeder Tag, jeder Moment ist neu, keiner gleicht dem anderen, aber unsere gedankenfreie Achtsamkeit ist nicht mehr so da, wie sie es anfangs war.

Was wir bei all dem völlig vergessen und übersehen, ist unsere Innenschau. Vielleicht wissen wir theoretisch, wie wichtig unser Innenleben ist. Doch in die Tiefe steigen wir selten hinab. Warum? Weil diese Reise in unsere Tiefe mühsam sein kann und Zeit kostet. Und genau diese Zeit wenden wir lieber für etwas auf, bei dem wir eine schnelle, direkte und sichtbare Belohnung bekommen – vom Außen. Doch das ist wie mit Traubenzucker oder Ähnlichem vor dem Sport oder einer Prüfung: Das pusht dich kurzfristig und lässt dein Energielevel in die Höhe schießen. Doch ziemlich rasch fällt das Level wieder ab, oft sogar unter das Level, auf dem du vorher warst. Also her mit dem nächsten Traubenzucker oder mit etwas Stärkerem. Oder vielleicht doch mit etwas ganz anderem?

Innen und Außen: Zwei zentrale Fragen

Wer bis hierhin gelesen hat, der weiß: Wir wollen es hier tatsächlich mit etwas ganz anderem versuchen. Wir haben schon viel über die Schritte zu mehr Kraft in der Ruhe erfahren, und wir haben bereits Übungen und Techniken kennengelernt, die wir auf dem Weg dorthin anwenden können. Damit, und das ist entscheidend, schaffen wir zwei Dinge: Wir lösen uns erstens vom Außen und steigern über unser Innen nachhaltig unser Energielevel. Zweitens können wir diese Energie nutzen, um unser Außen zu beeinflussen, und wir können vielleicht sogar dazu beizutragen, dass sich auch unsere Familie oder Freunde auf die gleiche Reise begeben wie wir. Denn im Endeffekt ist die Qualität des Lebens ein Spiegel des Inneren. So wie du in deinem Inneren mit dir selbst in Harmonie oder in Disharmonie bist, so wird sich das auch nach außen spiegeln. Das, was du innen lebst, zieht die Dinge für dein Leben im Außen an, positiv oder negativ. Hat andersherum ein Mensch irgendeine Blockade und ist seine Energie nicht im Fluss, kann er in diesem Moment keine Energie auf jemand anderen übertragen, und er kann auch nicht helfen.

Kurz gesagt: Der Mensch kann nur das geben, was er isst oder was er hat. Wir wissen, dass wir sind, was wir essen, und wir wissen auch, dass zu unserer Ernährung weit mehr gehört als Brot allein, wie wir am Anfang des Buchs zum Thema Ernährung erfahren haben. Daher ist es nur logisch, dass wir nur das geben können, was wir feinstofflich zu uns führen, was wir im Inneren sind. Bin ich also voller Zweifel und Ängste, werde ich anderen keinen Mut geben können, nein: Ich werde Zweifel, Unsicherheit und Ängstlichkeit übertragen. Wir kennen das alle: Wenn wir mit einer Freundin zusammensitzen, die Schwierigkeiten hat und uns zwei Stunden lang von diesen Problemen erzählt oder uns eine negative Nachricht übermittelt, dann gehen wir mit schwerem Herz und schwerem Kopf nach Hause. Wenn uns das zwei, drei, vier oder fünf Tage hintereinander passiert, wird unser Energielevel sehr stark sinken, und wir sind völlig fertig: Am Ende haben wir absolut keine Lust mehr, diesen Menschen zu sehen, ganz egal, ob diese Entscheidung nun unbewusst oder bewusst passiert. Auch im Arbeitsleben geschieht es häufig, dass Menschen in einen »Burnout« geraten. Was es dazu braucht, ist täglich eine Portion Negatives oder zu wenig Positives. Diese Portionen stauen sich fast unmerklich über längere Zeit an, und plötzlich ist alles zu viel und man kann nicht mehr.

Das heißt: Ob nun im bewussten oder im unbewussten Sinne, auf beiden Ebenen nehmen wir Impulse auf und übertragen sie, auf uns selbst und auf andere. Darüber sollten wir uns immer im Klaren sein. Innere Armut oder Blockaden behindern nicht nur uns selbst, sondern sie verhindern auch, dass wir anderen helfen oder sie weiterbringen können.

Haben wir diesen Zusammenhang von Innen und Außen verinnerlicht und sind bereit für das Treffen mit uns selbst, sollten wir uns zuvor einmal fragen: Was wollen wir in diesem Leben sein? Was wollen wir geben? Was wollen wir verbreiten? Will ich erfolgreich sein? Wenn ja: erfolgreich womit und worin? Erfolgreich mit meiner Gesundheit, erfolgreich in meiner Beziehung mit anderen und mit mir selbst, erfolgreich im Sport, erfolgreich im Job ...? Erfolg steht hier also als Ausdruck für das Gelingen in den unterschiedlichsten Bereichen meines Lebens, innerlich wie äußerlich. Erfolg bedeutet Balance in allem. Weil wir so unsere Kraft gezielt kanalisieren und genug Energie haben, unsere Träume zu verwirklichen. Wer sich ständig verausgabt, wird selten Erfolg haben.

Will ich also Erfolg in den verschiedenen Bereichen meines Lebens? Wenn ich mich frage, was ich will, dann ist eine zweite Frage ebenfalls zentral: Wie will ich wirken, und was will ich ausstrahlen? Auf das Bild der mentalen Dusche übertragen: Wir duschen uns ja nicht nur für uns selbst, sondern auch für unser Umfeld. Wer sich reinigt und pflegt, wird auch auf andere Menschen anders wirken. Und so wie die meisten Menschen in der Früh mit Wasser duschen, so können wir auch unseren Morgen nutzen, um uns innerlich zu reinigen. Und das beginnt beim Treffen mit uns selbst.

Der Tag gehört dir!

Ich will dir auf den nächsten Seiten etwas mehr über dieses Treffen der Selbstfindung erzählen, und zwar so konkret, dass du das gleich morgen früh in deine Routine einbauen kannst. Warum denn schon früh am Morgen, wirst du jetzt vielleicht fragen. Da zählt doch jede Minute, die man noch im Bett bleiben kann, es ist furchtbar hektisch, und es bleibt ohnehin viel zu wenig Zeit. Die Kinder müssen zur Schule und vorher mit Frühstück versorgt werden, du musst dich fertig machen, deinen Kaffee schnell austrinken und bereits die ersten Calls erledigen, und dann geht es ab zur Arbeit.

Merkst du, wie stressig es ist, allein diese Aufzählung zu lesen? So beginnen unsere Tage oft. Und wenn du genau hinschaust, wirst du merken, dass unser Stresslevel nicht etwa stetig ansteigt oder nur bei bestimmten Punkten am Tag Spitzenwerte erreicht. Nein, bereits wenige Minuten nach dem Aufstehen katapultieren wir uns auf den Gipfel des Stress-Achttausenders und lassen es zu, dass der Tag nicht mehr uns gehört.

Lass uns jetzt ein altes Muster durchbrechen. Und das geht so: Wir sprechen zu uns selbst: »Der Tag gehört mir, und ich bestimme, welche Minuten meine sind. Und diese zehn Minuten, die lasse ich mir nicht nehmen.«

Der frühe Morgen eignet sich außerdem aus noch einem anderen Grund sehr gut: Wenn wir schlafen, befinden wir uns in einer anderen Dimension. Wir wissen nicht, wo wir sind, aber wir sind hier. Im Tiefschlaf wissen wir nicht einmal, dass wir existieren. Wir wissen nicht, wie wir heißen. Wir wissen nicht, wer die Person ist, die neben uns liegt. Und wir wissen nicht, was und wie wir arbeiten, wir haben absolut null Identifikation, absolut null Logik. In dem Moment, in dem wir aufwachen, wissen wir normalerweise weder, dass wir sind, wer wir sind, noch wo wir sind … Und trotzdem ist das Bewusstsein noch etwas frischer. Wenn wir gut geschlafen haben, sagen wir ja auch, dass wir uns wie neugeboren fühlen. Und das stimmt, denn dieser Tag, der gerade begonnen hat, dieser Moment, der war noch nie da, der wurde gerade erst geboren. Und wenn wir keine Alpträume oder Ähnliches hatten, sind wir noch ruhig. Unser Zettel, wenn du dich an das Beispiel von vorhin erinnerst, ist noch leer und wartet darauf, bemalt oder beschrieben zu werden. Neurologisch sehen wir das daran, dass die Gehirnwellen noch sehr langsam sind, also nicht sehr aktiv. Unser Geist ist noch nicht zu beschäftigt – und genau das können wir nutzen.

Wir können uns das wie eine Tasse vorstellen: Am Morgen ist sie noch vollkommen leer. Mit jeder Minute, die vergeht, werden Tropfen hineingegossen, und die Tasse wird voller und voller. Wobei alles, was jetzt dazukommt, quasi verdünnt wird, es ist nicht mehr so pur wie noch am Anfang. In jeder Minute, die wir wach sind, rinnen Informationen in unseren Geist. Und je mehr Informationen sich dort ansammeln, desto weniger präsent ist die einzelne Information. Deshalb können wir unseren Geist am Morgen besonders gut prägen, die Tasse ist ja noch leer, und auf dem Blatt steht noch nichts. Was wir jetzt »einfüllen«, das speichert sich besonders gut ab und gelangt sehr schnell und tief ins Unbewusste. Also genau dorthin, wo es nachhaltig zu wirken beginnt. Unbemerkt, aber machtvoll. Die tiefgreifendsten Veränderungsprozesse beginnen – eben – in der Tiefe.

Bevor wir uns anschauen, wie wir das Treffen mit uns selbst gestalten können, hier ein einfacher und praktischer Tipp: Heute hat fast jeder einen Wecker. Die meisten von uns wachen mit einem Handywecker auf, der über zig verschiedene Klingeltöne verfügt, und ganz wenige haben noch einen echten Oldschool-Wecker. Noch weniger leisten sich einen Lichtwecker und noch viel, viel weniger wachen ohne Wecker auf. Jetzt erinnern wir uns doch einmal an den letzten Urlaub, in dem wir ohne Wecker aufgewacht sind, in dem uns die Sonnenstrahlen durch die Vorhänge im Gesicht gekitzelt haben, sodass wir die Wärme und das Licht auf der Haut gespürt haben. Wir blinzeln, und plötzlich merken wir, dass auch unsere Ohren wach sind, wir hören, wie die Vögel draußen zwitschern, vielleicht hören wir auch nur das Geräusch unseres Partners, der leise Kaffee kocht, wir merken, wie die anderen Sinne wach werden und wir den Kaffee riechen, die salzige Meeresluft ... Und jetzt kurz die Erinnerung zurück an heute Morgen und den Ton unseres Weckers.

Die meisten Menschen wachen immer noch mit dem aggressiven und lauten Klingelton auf, da sie Angst haben, zu verschlafen. Wir alle spüren direkt körperlich den Unterschied: Aufwachen oder aufgeweckt werden, das ist etwas völlig anderes. Ein Wecker ist ein Schocker, und jeden Morgen, und sei er noch so leise, werden wir durch einen Schock aufgeweckt. Angst wird unbewusst gespeichert. Wir werden aus der Dimension, in der wir sind, aber nicht wissen, dass wir uns in ihr befinden, hinein in eine andere Dimension gerissen. In eine Dimension, in der Termine anstehen, in der es Probleme zu lösen gibt und in der womöglich ein stressiger Tag gerade begonnen hat, an dem wir noch dies und das und vieles mehr zu erledigen haben. Und je aggressiver das Aufgewecktwerden ist, desto härter werden wir aus der vorherigen Dimension gerissen, desto schneller werden wir in die Dimension der Logik und unserer Probleme geschleudert. Man könnte sagen: Desto schneller ist das leere Blatt Papier vor uns vollgekritzelt und unser Geist abgefüllt. Aber eben nicht mit den guten Dingen, die wir uns wünschen.

Was wir dagegen tun können? Ganz einfach: Aufwachen, statt aufgeweckt werden. Aufgeweckt werden ist passiv. Aufwachen ist aktiv. Das klappt unter anderem am besten, wenn unsere innere Körperuhr funktioniert. Sie ist mit der wichtigste Faktor für unseren Schlaf, vor allem unseren Tiefschlaf. Der Schlaf-Coach Chris Surel hat über sie in seinem Bestseller *Die Tiefschlaf-Formel* geschrieben: »Manchmal kommen Klienten zu mir und sagen: ›Chris, ich habe echt ein Problem, ich kann am Wochenende nicht ausschlafen. Ich werde immer um die gleiche Zeit wach. Was stimmt denn nicht mit mir?‹ Wenn du das gleiche Problem hast – sei happy, das ist kein Problem, sondern eine super Nachricht. Das bedeutet, dass deine innere Körperuhr sehr gut eingestellt ist.«

Diese innere Körperuhr ist wissenschaftlich gut belegt und steht dafür, dass wir unseren eigenen, ganz individuellen Rhythmus haben. Wir leben nach unserem Takt, wir haben unsere eigene innere Ordnung. Wenn wir also von alleine und ohne Wecker aufwachen, dann ist das der allerbeste Start in den Tag. Aber auch mit Wecker können wir unseren Start maximal harmonisch gestalten, wenn der Sound beispielsweise kein aggressives Geklingel ist, das mit maximaler Lautstärke aufwartet, sondern ein leises Meeresrauschen, das langsam lauter wird. Der Übergang zwischen den Dimensionen ist sanfter. Ich selbst nutze ganz ruhige Musik, die Harmonie ausstrahlt und ohne Text auskommt, sodass mein Geist nicht sofort mit Informationen bestrahlt wird.

Übrigens ein häufiger Fehler: der Radiowecker. Denn ein Radiowecker, der mich gleich mit irgendwelchen Nachrichten in den Tag jagt, ist ein maximaler Schocker. Schock bedeutet Angst, und von der ersten Sekunde an, und sei sie noch so unbewusst, sind wir und ist unser Tag von der Angst geprägt. Denn Nachrichten bedeuten Informationen, und das sind meistens keine positiven. Die Negativität strahlt direkt in mein Unbewusstes aus, das noch leere Blatt wird mit Negativem beschrieben, und damit arbeitet die Negativität vom

Startschuss des Tages an in mir. Sie zieht – erinnern wir uns an das Gesetz der Anziehung – Negatives an sich und nach sich. Das ist wie eine innere Kernschmelze der Negativität, und oft erleben wir die Folgen dieser Kettenreaktion, ohne zu wissen, wo sie eigentlich begann. Sie begann bei uns, in den ersten Minuten des neuen Tages.

Die fünf Schritte zum Treffen mit dir selbst

Stattdessen wollen wir positiv starten, bei uns, und nicht dem negativen Außen. Dabei helfen uns fünf Schritte, mit denen wir unser Treffen mit uns selbst gestalten können. Das Gute ist: Es ist in unserer Zeit. Damit meine ich, du verlierst absolut keine Zeit. Im Gegenteil, du wirst sehen, dass du Zeit gewinnst.

1. Also, gestalte das Aufgewecktwerden oder noch besser das Aufwachen so harmonisch wie möglich. Nimm dir deine individuelle Lieblingsmusik, welche sich zum Wachwerden eignet. Mach dir bewusst: Das ist ein neuer und einmaliger Tag. Eine Neugeburt der Momente deines Lebens. Das ist der erste Schritt.

2. Werde langsam wach. Du musst nicht sofort aus dem Bett springen. Nimm dir etwas Zeit, und seien es nur zwei oder drei Minuten, und bleib liegen. Spür dich, spür deinen Körper, begrüße deinen Körper. Wir haben vorhin die Technik mit dem Händereiben gelernt, um uns zu beruhigen, indem wir die Trennung von Geist und Körper aufheben. Wenn wir direkt am Morgen unseren Körper begrüßen, starten wir ebenfalls nicht getrennt, sondern in Harmonie. Dann erhebt sich mein Körper nicht, als wäre er ferngesteuert, und keine

Arbeits-Termin-Maschine stapft zur Kaffeemaschine, hievt sich unter die Dusche, zieht sich an und steigt ins Auto. Nein, wenn wir gleich am Morgen Geist und Körper zusammenbringen, starten wir im wahrsten Sinne des Wortes selbstbewusst. Selbstgesteuert, nicht ferngesteuert. Mensch, nicht Maschine. Und das gelingt uns eben, indem wir unseren Körper begrüßen und ihn aktivieren, Ich fühle meine Füße, ich bewege meine Füße. Ich kreise sie nach außen dreimal, ich kreise sie nach innen dreimal. Ich fühle meine Hände, ich kreise meine Handgelenke dreimal nach außen, dreimal nach innen. All das aktiviert bereits viel in meinem Körper, denn durch die Füße und die Hände haben wir Zugang zu unseren gesamten Energiekanälen. Alles ist wie bei einer Kette miteinander verbunden. Jetzt spanne ich mich kurz an und strecke mich dabei. Dieses Recken und Strecken, das Anspannen und Entspannen verlieren wir oft im Erwachsenenalter. Die Natur hat es uns mitgegeben, aber wir haben es mit den Jahren durch unseren vollen Kopf verlernt. Tiere und kleine Kinder machen das noch unbewusst richtig. Also: Zurück zur Natur, begrüße und spüre deinen Körper wieder. Ein Tipp noch: Dieser zweite Schritt sollte nicht länger als ein bis zwei Minuten dauern.

3. Danach tun wir den dritten Schritt und richten uns auf. Wer auf die Toilette muss, geht auf die Toilette und kommt dann noch einmal zum Bett zurück, oder er geht auf das Sofa und setzt sich aufrecht hin. Wir denken jetzt an Dinge, die schön sind und für die wir dankbar sind. Als ersten Punkt empfehle ich: dankbar dafür zu sein, dass wir aufgewacht sind. Wir nehmen das nämlich als selbstverständlich. Ist es aber nicht.

Jeden Tag gibt es Tausende von Menschen, die nicht mehr aufwachen. Auch unsere Zeit auf der Erde ist begrenzt. Deshalb seien wir an jedem Morgen dankbar, an dem wir aufwachen und neugeboren werden. Danach können wir an andere Dinge denken, an den klaren Geist und den gesunden Körper zum Beispiel, an unsere Familie und an Freunde. Wir fühlen die Dankbarkeit in uns, und das ist ein warmes, ein positives Gefühl. Mit diesem Gefühl machen wir uns an die Affirmationen, die wir schon kennengelernt haben. Nicht viele, drei bis fünf reichen völlig. Die Affirmationen wirken wie ein Navi: Wir geben die Adresse ein, und unser Geist steuert uns dorthin. Damit haben wir direkt ein positives Ziel, verbunden mit dem warmen Gefühl der Dankbarkeit – der perfekte Start in den Tag. Unser eigenes spirituelles Frühstück.

4. Beim folgenden vierten Schritt stehen wir vom Bett oder Sofa auf und gehen an die frische Luft. Das kann auf der Terrasse sein, auf dem Balkon, es reicht aber auch ein geöffnetes Fenster. Wir atmen jetzt neunmal tief ein und tief aus. Der größte Reinigungs-, Entgiftungs- und Energieladeprozess wird durch Aufnahme von Sauerstoff angestoßen, und mit jedem Ein- und Ausatmen werden unglaubliche Prozesse in Bewegung gesetzt. Versuche, dich in diese Prozesse einzufühlen. Schließ die Augen und beobachte einfach nur den Atemfluss: Wie atme ich ein? Wie geht die Luft durch meine beiden Nasenlöcher in den Körper hinein und wie verlässt sie meinen Körper wieder beim Ausatmen? Stellen wir uns vor, dass wir bei jedem Ein- und Ausatmen neue Energie reinholen und verbrauchte Energie rauswerfen. Neunmal ganz bewusst. Einatmen immer durch die Nase. Ausatmen durch die Nase

oder den Mund. Probiere beides aus und mach das, was sich für dich besser anfühlt. Insgesamt dauert dieser Schritt ca. zwei Minuten, je nach Atemlänge.

5. Jetzt noch zum fünften Punkt, bei dem wir uns den vielleicht powervollsten Energielieferanten genehmigen. Nein, nicht Kaffee; aber auch flüssig: Wasser. Wir haben das Wasser und seine Bedeutung bereits im Ernährungskapitel kennengelernt, und dieses Wissen wenden wir jetzt an. Wir trinken, langsam und in bewussten Schlucken, warmes Wasser. Wir können Zitrone dazugeben, Kurkuma oder andere Gewürze, das kann jeder individuell gestalten. Aber ein Glas oder sogar vielleicht zwei Gläser warmes Wasser am Morgen auf den leeren Magen (das ist wichtig!) ist der ultimative Reinigungs- und Energielieferant. Das gehört zu unserem kosmischen Frühstück.

Wenn wir die Zeit zusammenrechnen, die wir für diese fünf Schritte benötigen, kommen wir auf ungefähr fünf bis sieben Minuten, und das auch nur, wenn wir uns wirklich Zeit lassen, was wir tatsächlich auch tun sollten. Fünf bis sieben Minuten, um im Einklang von Körper und Geist und mit aktivierten Energiekanälen und einem positiven Mindset den Tag anzugehen. Sieben Minuten, um das leere Blatt im Buch des eigenen Lebens, das noch immer leer vor uns liegt, selbst zu beschreiben. Sei du der Regisseur und gib die Richtung an.

Meine Klienten, die diese Schritte zum ersten Mal gehen, erzählen mir fast alle von einem unglaublichen Wow-Effekt. Sie fühlen sich auf einmal einfach richtig gut. Die Kanäle befreien sich immer mehr. Die ganzen kleinen inneren Staudämme öffnen sich, und die Energie fließt besser. Körper und Geist sind im Flow, und du fühlst dich glücklicher. Glücklich ohne äußeren Grund. Und glücklich zu sein, ohne Grund, das ist die höchste Kunst.

Diese fünf Schritte zum Treffen mit dir selbst oder auch zu den kostbarsten Minuten des Tages kann jede und jeder gehen. Sie kosten nicht viel Zeit oder Anstrengung, sondern sind in erster Linie eine Frage der Übung, der Disziplin und der Gewohnheit. Wir werden später noch darüber sprechen, wie wir es schaffen, diszipliniert und motiviert zu bleiben, bis wir die Dinge so tief in uns verankert haben, dass sie zu Gewohnheiten geworden sind und quasi automatisch ablaufen.

Bei den fünf Schritten hilft oft ein einfacher Trick: Bei Seminaren bilden wir eine WhatsApp-Gruppe, in der alle Teilnehmenden, die möchten, jeden Tag einen grünen Haken posten; und zwar immer dann, wenn sie das Treffen mit sich selbst hatten. Dadurch, so kriege ich es zurückgemeldet, entsteht eine Gruppendynamik, die gerade an den Tagen wirkt, an denen es mal nicht so einfach läuft. Irgendwann brauchen die Teilnehmenden diese Gruppe eigentlich gar nicht mehr, weil die fünf Schritte längst zum festen Ritual geworden sind, die meisten bleiben trotzdem dabei. Aber gerade für die Anfangszeit, also in der Vor-Gewohnheits-Zeit, ist das Gold wert.

Deshalb mein Rat, wenn du Probleme mit nachhaltiger Motivation und Disziplin hast: Such dir Menschen, die gemeinsam mit dir die kostbarsten Minuten des Tages nutzen wollen. Entdecke, welche Kraft in diesen Minuten steckt und wie sie zunächst jeden einzelnen Tag, dann jede einzelne Woche und irgendwann dein ganzes Leben verändern – positiv verändern. Und gib diese positive Energie weiter an die Menschen um dich – dann wird das »Treffen mit dir selbst« etwas, das dich und womöglich dein ganzes Umfeld verändert. Was scheinbar klein und kurz beginnt, kann groß und lang wirken. Und heute bekomme ich noch oft das Feedback, dass viele meiner Teilnehmer diese oder ähnliche Übungen seit Jahren regelmäßig praktizieren und ihr Leben dadurch sehr stark zum Positiven geprägt haben.

»Der Geist ist ein unsichtbarer Muskel.
Je mehr du ihn trainierst, desto stärker
wird er. Verglichen mit unserem Körper
ist unser Geist unbegrenzt. Wir können
alle Grenzen sprengen, Grenzen, die es
für unseren Körper irgendwann gibt.
Für unseren Geist gilt das nicht.«

Das mentale Gym: Workout für deine geistige Kraft

Du kennst sicher diese zwei Sprüche: »Von nichts kommt nichts.« Und: »Einmal ist keinmal.« Zwei kurze Sätze, zusammen gerade einmal sieben Wörter lang, und trotzdem stecken entscheidende Einsichten in ihnen. Einsichten, die wir auf unsere »Mental Shower« und den Vergleich mit einer normalen Dusche übertragen können: Einmal duschen macht sauber. Doch wenn ich danach drei Wochen nicht dusche ... Ja, genau, dann ist das nicht besonders appetitlich. Wir duschen uns regelmäßig, und das ist für unsere Hygiene und für unser Wohlbefinden ausschlaggebend. Bei der mentalen Dusche ist das nicht anders, ganz im Gegenteil: Sie ist wichtiger, als wir uns vorstellen können.

Wir können die in den vorherigen Kapiteln beschriebenen Vorteile und Verbesserungen, die uns gesünder und ausbalancierter und glücklicher machen, nur dann nutzen, wenn wir uns regelmäßig mental duschen, d. h. mental reinigen oder sauber machen. Wenn wir also den ganzen überflüssigen Gedankenmüll abwerfen, den wir Tag für Tag ansammeln. Wie wir schon gesehen haben, sind die meisten unserer ca. 70 000 bis 80 000 täglichen Gedanken belanglos, oft wirken sie sogar als Störfaktoren. Wenn wir uns nicht reinigen, z. B. am Ende des Tages, speichert sich diese subtile negative Energie in uns ab und vermehrt sich, bis sich innere Staudämme bilden. Was dahinter steckt und wie wir es schaffen, dranzubleiben, das verrate ich in den folgenden beiden Kapiteln.

Der Blick des Adlers

Um die Wichtigkeit der Regelmäßigkeit zu verdeutlichen, möchte ich dir jetzt ein Bild aufmalen: Du warst sicher schon einmal im Fitnessstudio oder hast einen Gymnastik- oder Yogakurs oder etwas Ähnliches besucht. Vielleicht hast du auch schon einmal einen bestimmten Ernährungsplan angefangen. Oder gehst du regelmäßig ins Gym? Noch besser! Denn dann wirst du perfekt nachempfinden können, was ich gleich erkläre.

Was passiert eigentlich, wenn du nur einmal Joggen gehst, nur einmal Gewichte stemmst, nur einmal den »herabschauenden Hund« machst oder dich nur einmal gut ernährst? Genau, es passiert – nichts. Du wirst dich nach dem einen Mal möglicherweise für kurze Zeit besser fühlen, doch eine nachhaltige Veränderung bedeutet das nicht. Einmal ist tatsächlich keinmal.

Bleiben wir bei dem Bild vom Gym. Dort trainieren und steigern wir mit Gewichten unsere körperliche Kraft. Wer aber von uns geht ins geistige, ins mentale Gym? Wer stemmt mentale Gewichte, wer macht geistiges Stretching? Und wenn wir das tatsächlich tun: Gehen wir es wirklich regelmäßig an? Denn wie der einmalige Fitnessbesuch nichts Nachhaltiges bringt, hat auch das einmalige Meditieren im Urlaub oder das eine Mal, bei dem wir die Atemtechniken ausprobieren, die ich oben erklärt habe, keinen Effekt. Es schadet sicher nicht. Aber es wirkt auch nicht, zumindest nicht dauerhaft. Wenn wir unsere geistige oder gedankliche Kraft steigern und zielgerichtet anwenden wollen, müssen wir auch geistig trainieren. Wir müssen in unser mentales Gym. Und denkt daran: Der Geist lenkt den Körper.

Die gute Nachricht als Motivation vorweg: Für die Mitgliedschaft in einem »normalen« Gym bezahlen wir unter

Umständen einiges, und wir nehmen oft lästige Anfahrten auf uns. Für das mentale Gym müssen wir weder aus dem Haus, noch müssen wir Geld bezahlen. Das mentale Gym liegt direkt bei dir, noch besser, es ist in dir. Es kostet aber Geduld, Motivation und Disziplin.

Ich habe von meiner Suche nach der Stille erzählt, von den unzähligen Reisen, die ich unternommen und von den so unterschiedlichen Orten, die ich besucht habe. Ich war unterwegs durch die Welt und durch die Zeit, und ich war unterwegs zu mir selbst und habe dabei immer geistig und körperlich trainiert. Ich habe mich ständig gefragt: Wie kann ich meine Kapazitäten am besten ausschöpfen? Wie kann ich am meisten aus mir rausholen? Ich habe mich auf die Suche gemacht, habe sehr viele Bücher gelesen, verschiedene Kulturen kennengelernt und viele Lehren praktiziert.

Ich habe von sehr unterschiedlichen Menschen sehr Unterschiedliches gelernt, ob es nun um die Kunst des Lebens ging oder um die Kampfkunst, ob um Krafttraining und Stretching oder um Ernährung und Schlaf. Manchmal im positiven Sinne, manchmal habe ich aber gelernt, wie man es nicht machen sollte. So lernte ich auch, die Fehler anderer zu vermeiden. Irgendwann – und das traf mich wie ein Blitz – ist mir aufgefallen: Hey, es kümmern sich viele Menschen überall um diese äußerlichen Kräfte. Doch wer trainiert sein Mindset, und wie und auf welche Weise kann man es trainieren? Wenn ich andere fragte, ob sie trainierten, und sie bejahten, dann meinten sie damit fast immer ein physisches Training oder ein bestimmtes Ernährungsprogramm. Warum aber trainierte kaum jemand regelmäßig in seinem mentalen Gym?

Das hat meiner Erfahrung nach vor allem damit zu tun, dass das mentale Gym unsichtbar und der Fortschritt dort nicht messbar ist. Wir haben darüber schon in den vorangegangenen Kapiteln gesprochen. Ein physischer Muskel wächst, ich kann den größeren Bizeps, den strafferen Bauch, die dickeren Muskeln im Spiegel beobachten. Ich kann sehen, wenn ich mehr Gewicht stemme als beim vorigen Mal oder wenn ich die Anzahl an Wiederholungen gesteigert habe. Auch kann ich es wahrnehmen, wenn ich meine Ausdauer verbessert habe. Nach so einem Training sind wir uns dieser Steigerung bewusst, und das wirkt als direkte Belohnung und als Antrieb. Und auch bei etwas weniger sichtbaren Dingen wie beispielsweise der Kondition gibt es feste Parameter, an denen ich Fortschritte messen kann: länger, schneller, weiter. Ich kann mich über Apps mit Freunden verbinden und meine Zeiten oder Weiten vergleichen – das kann ich so mit den Resultaten aus dem inneren Bereich nicht.

Das ist der große Unterschied zwischen dem herkömmlichen physischen Training und dem geistigen: Da gibt's nichts zum Festhalten und Anfassen, nichts zu messen. Wir können nicht vergleichen, und meistens dauert es bis zum Erfolg auch ein wenig länger als im physischen Training. Dazu fällt mir ein uraltes Sprichwort ein: »Für den Erfolg, der über Nacht gekommen ist, brauche ich ungefähr zehn Jahre.« Ich kann das oft bei Menschen beobachten, die ich begleite: Lange, lange Zeit haben sie alle Vorbereitungen getroffen und sind drangeblieben. Doch nie kam etwas; scheinbar nie. Oft wollten sie schon aufgeben. Aber der Glaube an den Erfolg hielt sie weiter auf dem Weg. Und dann, auf einmal, quasi über Nacht, konnten sie die Veränderung fühlen und sehen. Nicht selten waren diese Momente extrem lebensverändernd. Für Leute, die lange Zeit in ihrem Tunnel kein Licht sehen und schon an das Aufgeben denken, wirkt es vermutlich wie ein Blitz aus dem heiteren Himmel. In Wahrheit aber stecken die permanente Wiederholung und beständige Hingabe dahinter, Geduld und Disziplin.

Die Antithese zum Spektakel schlechthin ist Zen. Ein Zen-Schüler, der vor einer Wand meditiert, hat nichts als einfach jene weiße Wand, und dort bleibt er vier bis sechs Stunden pro Tag sitzen. Er sitzt und beobachtet seine Gedanken. Momente des Durcheinanderseins kommen auf. Gedanken, die man nicht unter Kontrolle hat, lassen einen fast wahnsinnig werden. Und plötzlich kommt irgendwann die angenehme Stille, das innere Gleichgewicht. Der Weg dorthin ist uneben und steinig.

Man sagt, dass der Schüler, der von seinem Meister lobend erwähnt wird, mindestens zwanzig Jahre tägliche Praxis hat. Das ist natürlich ein extrem anspruchsvolles und hohes Level. Aber auch bei einem niedrigeren Anspruchsdenken gilt: Viele Menschen, die damit beginnen, ins mentale Gym zu gehen, sind am Anfang sehr motiviert. Das ist für sie wie der gute Vorsatz am Jahresanfang. Sie nehmen sich vor, etwas verändern zu wollen. Oftmals sogar nur im physischen Sinne. Das hält auch einige Zeit, doch irgendwann, wenn sichtbare Erfolgserlebnisse ausbleiben, wird es schwerer. Sie erhoffen sich schnelle Veränderung und Erfolg. Im mentalen Gym ist das anfangs sogar noch schwerer, da die Ergebnisse hier meist länger auf sich warten lassen. Alte Gewohnheiten gegen neue einzutauschen und dazu noch die Nachhaltigkeit aufrechtzuerhalten, das ist nicht einfach. Die Melodie des mentalen Gyms gleicht der stillen und kraftvollen Natur oder dem leisen menschlichen Atem. Die meisten geben irgendwann auf und brechen den langen Weg ab. Warum? Weil sie diesen Weg nicht in kleine Abschnitte eingeteilt haben, die Erfolg bedeuten, und weil sie kein Vertrauen mehr in die Macht des Unsichtbaren haben.

Wenn mir Schüler von solchen Schwierigkeiten erzählen, bitte ich sie, sich einen Adler auf einem Berggipfel vorzustellen. Majestätisch und imposant sitzt er da und lässt seinen Blick schweifen über das Tal unter ihm und die Hänge um ihn herum. Und plötzlich, auf einmal, fährt der Adler mit einem Schrei hoch, erhebt sich in die Luft, einige wenige Schläge mit den Schwingen nur, dann stößt er herab, schneller und schneller, bis er in den Baumwipfeln verschwindet, um wenige Zehntelsekunden später wieder in die Höhe zu steigen. Ein Mensch, der das Ganze aus etwas Distanz beobachtet hat, fragt sich: Was hat der Adler gemacht? Da war doch nichts? Doch, da war etwas. Er hat sich blitzschnell und präzise seine Beute geholt. Aus einer für uns unsichtbaren Perspektive. Und das hat der König der Lüfte gesehen, der sprichwörtliche Adlerblick reicht über eine Strecke von fast einem Kilometer. Zum Vergleich: Ein Mensch kann im Normalfall maximal fünfzig Meter weit sehen.

Dieser Weitblick gehört zur Natur des Adlers. Verglichen mit einem Adler sieht ein Mensch fast nichts. Und genauso verhält es sich mit unserem Blick auf die mentale Kraft: Wer nicht über den geschärften Blick verfügt, der wird nichts erkennen können. Wer aber den Adlerblick für das Mentale hat, der kann Dinge sehen und wahrnehmen, die anderen verborgen bleiben. Der einzige Unterschied: Den Blick eines echten Adlers kann man nicht erlernen. Den Blick eines mentalen Adlers schon. Dieses Beispiel bringt viele Zuhörer dazu, sich zu fragen, wo sie den Blick für das Unsichtbare, für das Unbewusste nicht hatten oder haben.

Ein anderes Beispiel: Stell dir einen Menschen vor, der seine Brille nicht trägt und sich darüber beschwert, dass die

Buchstaben in der Zeitung unleserlich und zu klein sind. Natürlich liegt das nicht an der Zeitung, sondern an der Sehkraft des Lesers. Die Buchstaben sind gut leserlich und normal gedruckt, aber der Leser ist sich darüber nicht im Klaren. Erst wenn er eine dafür geeignete Brille aufsetzen würde, würde er das erkennen. Und genauso ist es mit dem Wahrnehmen des Unsichtbaren. Dass es vielen nicht gelingt, liegt nicht daran, dass das Feinstoffliche nicht existiert, sondern an der Schwäche des Menschen im Erkennen dieser unsichtbaren Energie. Wir sind ständig und durchgehend von Energie umgeben und nehmen sie auch auf, aber wir haben nicht den Tiefblick dafür.

Ich habe übrigens Meister erlebt, die diesen unsichtbaren Muskel so stark ausgeprägt hatten, dass sie, ohne danach fragen zu müssen, spüren konnten, ob ein Mensch in seinem mentalen Gym trainiert oder nicht. Und ich habe auch einige Meister erlebt, die hellsichtig waren. Es war, als ob sie Gedanken lesen konnten. Mir ist das selbst schon passiert. Ich habe Schüler auf der ganzen Welt, darunter auch in Brasilien. Einem meiner Schüler dort hatte ich einmal die Aufgabe gegeben, ein bestimmtes Ritual über mehrere Wochen hinweg zu machen. Eines Tages, nach etwa drei oder vier Wochen, ich war gerade in Deutschland, telefonierte ich mit ihm und sagte: »Du hast aufgehört zu trainieren.« Er: »Ja, Sensei.« Er hatte mir nichts gesagt, und trotzdem spürte ich die Veränderung. Ich weiß, dass es dafür keine logische Erklärung gibt. Aber diese Verbindungen, diese nicht sichtbare Realität existiert ständig. Wenn man nicht an die Kraft des Unsichtbaren und Unbewussten glaubt, ist es noch schwerer, sich für diese Kraft empfänglich zu machen.

Der erste Schritt unserer Reise nach innen

Wie wichtig der regelmäßige Besuch des mentalen Gyms und das Training dort ist, können wir uns jetzt vorstellen. Wie wir uns dazu motivieren und was wir tun können, wenn die Motivation fehlt, werden wir im nächsten Kapitel erfahren. Wir werden jetzt erst einmal ein paar Schritte durch dieses Gym gehen und einige sehr praktische Punkte besprechen.

Wir befinden uns auf dem Weg in unser Inneres und dorthin, wo das Innere das Äußere beeinflusst. Dorthin, wo die innere Realität auch die äußere Realität erzeugt. Wenn ich in der Tiefenmeditation bin, ist es völlig egal, ob das in einem Hotelzimmer in der Provinz oder am Strand auf Bali oder in einem Zen-Kloster geschieht: Ich schließe die Augen, und in diesem Moment ist das die innere Welt, die innere Reise. Das hat mit dem Außen vorerst nichts zu tun. Ich bin in meinem Samadhi- oder Satori-Zustand, in meiner inneren Harmonie und Kraft. Ich bin eins, und das Außen ist kein Außen mehr.

Doch gerade am Anfang ist es schwer, sich so zu fokussieren. Zu viele alte gestaute Energien stören uns und zu viel Informationsüberfluss. Wir bleiben im Intellekt hängen. Wir sollten uns deshalb zuallererst einen Plan machen, wie im Fitnessstudio auch, wenn wir unsere Kraft- oder Cardioübungen aufschreiben. Nicht planlos, sondern gut strukturiert, so gelingt uns auch ohne große Erfahrung die Einheit im mentalen Gym.

Hier ein sehr wichtiger Tipp: Achte auf kleine Erfolgserlebnisse, setz dir kleine Zwischenziele. Auf dem langen Weg zu uns selbst brauchen wir solche Meilensteine, die uns Motivation schenken. Und von da an geht es step by step, mit kleinen Erfolgserlebnissen und immer ein bisschen mehr, wie beim Krafttraining. Heute habe ich zwei Kilo mehr geschafft, dann drei Kilo mehr und dann vier und fünf, und so geht's weiter. Diese Erfolgserlebnisse helfen uns, dranzubleiben, gerade, wenn es mal schwerer wird. Sie sind dann wie ein Geländer, an dem wir uns festhalten und an dem wir entlanggehen können. Sie zeigen uns einen Weg, der für uns machbar ist. Angepasst an unser Individuum.

Ein Beispiel: Wenn ein Thema für dich ganz neu ist, nimmst du dir vor, dich jeden Tag drei Minuten mit geschlossenen Augen hinzusetzen, irgendwann im Laufe des Tages. Du nimmst dir vor, das zehn Tage lang zu tun. Sogar das ist nicht einfach, da es eine neue Gewohnheit ist. Wenn du das zehn Tage durchgehalten hast, belohnst du dich selbst. Vielleicht mit einer Massage oder mit etwas anderem, das dir guttut. Ein Mini-Erfolgserlebnis. Und mit der Zeit steigerst du die Dauer und die Konzentration, bis du dir selbst eine neue kleine Herausforderung stellst. Kleine Schritte zu einem großen Ziel. Wir kennen den Spruch: Eine Reise von tausend Meilen beginnt mit dem ersten Schritt.

Haben wir unseren Plan, können wir über das nächste Detail nachdenken. Bei Menschen, die gerade erst ihre Reise nach innen begonnen haben, ist es eher selten, dass sich das Außen komplett in Harmonie mit dem Innen befindet. Noch beeinflussen die äußeren Umstände die inneren, aber das können wir nutzen, indem wir eine Umgebung schaffen, die positiv auf uns wirkt. Wir bauen uns kleine Brücken auf unserem Weg. So können wir uns für unser mentales Gym zum Beispiel eine kleine spirituelle Ecke oder einen Platz in unserer Wohnung oder unserem Haus einrichten. Ein Meditationskissen, vielleicht ein Bonsai-Baum, eine Kerze und Räucherstäbchen. Wähle das, was dir persönlich gut gefällt. Geeignet ist, was uns guttut und was die Ecke zu unserem kleinen Heiligtum macht, zu unserem stillen Zufluchtsort im lauten Alltag, zur Oase, um Kraft zu tanken.

In dieser Oase können wir Rituale praktizieren, die unsere Trainingseinheit einläuten, mit dem Anzünden einer Kerze zum Beispiel oder mit dem Auflegen meditativer Musik. Wir speichern mit der Zeit die Verbindung von Kerzeanzünden und Musikhören mit dem Energietanken im Unterbewussten ab. Diese Rituale stimmen uns ein und helfen uns, in eine andere Sphäre einzutauchen. Die Macht dieser scheinbar kleinen Details sollten wir nutzen, denn gerade am Anfang sind sie von großer Bedeutung für Erfolgserlebnisse, unabhängig davon, wie klein oder groß sie sind.

Das gilt auch für unsere Kleidung. Im Gym trainieren wir ja auch nicht in Jeans oder im Anzug. Wir tun uns oft leichter, wenn wir etwas Bequemes tragen. Der Körper sollte mit der Zeit immer entspannter werden, denn solange der Körper angespannt oder verkrampft ist, ist unser Kraftfluss blockiert, und wir können nicht in unsere Tiefe eintauchen. Die Nadis (Sanskrit: subtile Energiekanäle) oder die Chakren, also die großen Energiezentren, können sich nur öffnen, wenn der Körper so frei wie möglich ist. Wie das Wasser, wenn es durch die Röhre fließt. Je freier es ist, desto besser der Fluss. Wenn sich zu viel Müll angesammelt hat, kann das Wasser nicht mehr oder nur schwer fließen. Tragen wir einen zu engen Gürtel oder ein sehr enges Hemd, fällt es unserem Körper schwer, loszulassen. Deshalb sind leichte Hemden oder Gewänder bestens geeignet.

Slow, but steady

Wenn wir uns also unsere bequeme Kleidung angezogen und es uns in unserer eigenen heiligen Ecke gemütlich gemacht haben, können wir anfangen. Meinen Schülern empfehle ich normalerweise, mit einer kurzen Körperübung, dann mit zwei Minuten Atemübungen und zwei Minuten Stillsitzen zu beginnen. Gerade wenn ich wenig Zeit habe und gestresst und in Eile bin, ist diese Aufwärmphase wichtig. Ich kann mir beispielsweise ins Gedächtnis rufen, dass ich nicht fünf Schritte auf einmal machen kann, sondern immer nur einen. Dass ich immer nur einen Atemzug nach dem anderen tun kann, nicht zehn auf einmal. Und vielleicht hilft es mir, wenn ich mich an ein altes chinesisches Sprichwort erinnere: »Wenn du es eilig hast, dann lass dir Zeit.« Das klingt paradox. Doch wenn wir uns darauf einlassen, machen wir oft die Erfahrung, dass sich auf einmal die ganze Eile und Hektik in Luft auflösen und wir beginnen, ruhig zu werden.

Haben wir uns das vergegenwärtigt, beginnt das wirkliche Aufwärmprogramm unserer Gym-Session. Wir gehen dabei vom Grobstofflichen zum Feinstofflichen, vom Körper zum Geist. Im Körper können wir am leichtesten die grobstofflichen Energien wahrnehmen. Die Gedanken hingegen sind sehr feinstofflich und schwieriger zu lenken. Deswegen solltest du folgende Reihenfolge einhalten: Körperübung, Atemübung, Gedanken lenken und konzentrieren und letztendlich die innere Stille.

Wir können also mit einigen Körperübungen beginnen: Wir bewegen den Körper in alle Himmelsrichtungen, nach oben, nach links, nach rechts, nach unten, kopfüber, dass der ganze Körper flexibler und geschmeidiger wird. Ist der Körper geschmeidig, fließt die Energie automatisch besser. An dieser Stelle unterrichte ich in meinen Seminaren auch oft den »goldenen Kraftfluss«, der aus zwölf komplexen Übungen besteht. Aber es wäre zu kompliziert, das hier im Detail wiederzugeben. Vielleicht gibt es dazu bald einige Videoaufnahmen oder einen Kurs, den sich Menschen von überall anschauen und lernen können. Man kann sich aber auch im Sitzen auf seine Arme und Beine konzentrieren. An- und Entspannen. Eine angeleitete Übung folgt am Ende dieses Kapitels.

Jetzt können wir zum nächsten Schritt übergehen und die Brücke vom Körper zum Geist betreten. Was war das noch einmal? Genau, unsere Atmung. Die Atmung ist die Brücke zwischen Körper und Geist.

Es gibt viele, viele Atemtechniken, je nachdem, was man vorhat. Nach einer gewissen Zeit der Atemübungen ist der Weg geebnet, und man begibt sich einfach in die Stille. In der Stille praktiziert man dann entweder Visualisierungen, innere Selbstgespräche, Affirmationen; oder man geht automatisch in die absolute Stille, und das braucht dann seine Zeit. Einfach sitzen, still werden und sein und die Stille genießen. Dazu eine Weisheit, die mir persönlich sehr gut gefällt und die ich auch so empfinde: »Das Gebet oder die Affirmation ist, zu Gott zu sprechen, und die stille Meditation ist es, Gott zuzuhören.«

Danach widme ich mich meiner nächsten Übungseinheit. In einem normalen Gym kann man Ausdauer trainieren, auf dem Laufband zum Beispiel. Oder man kann sich auf den Oberkörper, den Unterkörper oder die Beine konzentrieren. Auch im mentalen Gym können wir unterschiedliche Bereiche stärken, deshalb auch unser Plan, den wir uns gemacht haben sollten. Will ich zum Beispiel meine inneren Selbstgespräche verbessern, weil sie negativ sind? Dann trainiere ich in diese Richtung. Möchte ich mich eher auf Gesundheit oder Erfolg fokussieren, auf das Gesunden meiner Beziehungen oder neue berufliche Möglichkeiten? Dann werde ich mich mit Affirmationen und Suggestionen in eine dieser Richtungen bewegen und dort geistige Gewichte stemmen. Ich bestimme, was ich angehe und wohin ich meine Energie lenke. Entscheidend dabei ist: Ich muss das fokussiert und vor allem konstant tun. So wie meine Ausdauer nur größer wird und meine Muskeln nur wachsen, wenn ich regelmäßig und mit Steigerungen trainiere, so ist das auch hier: Nur die Konstanz bringt Erfolg und Wachstum.

Für die Konstanz sind die kleinen Erfolgserlebnisse zentral. Dafür ist es hilfreich, die Herangehensweise so zu strukturieren und zu planen, dass man Übungen vor sich hat, die einem leichtfallen und bei denen man zu sich spricht: »Komm, die zwei oder drei Minuten, die mach ich jetzt (noch).« Deshalb führe ich Menschen, die zum ersten Mal ins mentale Gym gehen, ganz behutsam heran. Wir brauchen unser Unterbewusstsein als besten Freund, der uns unterstützt und der unsere Begeisterung aufrechterhält. Wenn wir gleich am Anfang an schwierige Aufgaben rangehen und etwas versuchen, das uns nur schwerfällt, wenn wir also gleich zu Beginn über eine längere Zeit etwas tun, das wir unbewusst gar nicht wollen, dann haben wir automatisch keine Motivation, und unsere Disziplin wird schnell nachlassen. Und dann machen wir unsere Übungen einmal nicht, dann ein zweites Mal nicht. Und zack, ist man draußen. Das ist wie im herkömmlichen Fitnessstudio: Du legst dir ja auch nicht gleich in der ersten Session einhundert Kilo zum Bankdrücken auf, wenn du das vorher noch nie gemacht hast. Wer es am Anfang übertreibt, tut sich entweder weh oder wird nur frustriert. Die Folge bei beiden: Man bricht ab und macht nicht weiter. Deshalb lieber die alte, aber so richtige Devise: Slow, but steady. Step by step.

Lass die Lehren des Dojos nicht im Dojo zurück

Der Morgen eignet sich hervorragend, um den Tag gut und bestmöglich zu starten. Am besten fangen wir mit vier oder fünf Minuten an; und irgendwann, wenn die Übung zu einer festen Gewohnheit geworden ist, steigern wir uns auf zehn oder fünfzehn Minuten. Und selbst das muss nicht das Ende sein. Ich habe so oft erlebt, dass Leute, die am Anfang nur wenige Minuten in die Stille gehen konnten, später locker 45 Minuten mental trainiert haben, und dass ihnen letztendlich nicht einmal eine Stunde gereicht hat. Sie fühlen sich so energetisch aufgeladen, so in innerer Harmonie, dass sie am liebsten noch mehr Zeit da verbringen würden.

Ich kann diese Begeisterung total nachfühlen und verstehen. Dieser Flow hat etwas Magisches, und wer diese Energie erlebt hat, wer wirklich in ihre Tiefe eingetaucht ist, der möchte immer wieder dorthin zurückkehren, möchte diese schlummernden Kräfte aktivieren und zum Fließen bringen. Das Training in einem normalen Gym ist ein guter Vergleich: Unser Körper kann sehr, sehr viel. Doch nur bis zu einem gewissen Level. Denn unser Körper ist auch begrenzt. Trainieren wir zu viel, verbessern wir uns nicht mehr, es kann sogar ein gegenteiliger Effekt eintreten. Bei Übertraining steigert sich nicht allein unsere Leistung nicht weiter, sondern das Level beginnt zu sinken, Schlafstörungen oder andere Symptome können auftreten.

Verglichen mit unserem Körper ist unser Geist unbegrenzt. Wir können alle Grenzen sprengen, Grenzen, die es für unseren Körper irgendwann gibt. Für unseren Geist gilt das nicht. Wir denken den ganzen Tag, von morgens, wenn wir aufstehen, bis spät nachts. Selbst wenn wir träumen, ist unser Geist beschäftigt, das Unterbewusstsein arbeitet durchgehend.

Unser Körper braucht hingegen den Schlaf als Pause. Und wenn wir zum Beispiel Muskeln trainiert und ein Hardcore-Krafttraining hinter uns haben, brauchen wir ca. drei Tage, bis der Kraftzuwachs kommt und der Muskel komplett regeneriert ist. Würden wir jeden Tag zu hart trainieren, würden wir irgendwann an eine Grenze kommen, dann gäbe es keine neuen Impulse und kein Wachstum mehr, sondern eher einen Rückschritt oder vielleicht sogar eine Verletzung. So ist es im Geistigen nicht, weil der Geist grenzenlos ist.

Trotzdem gibt es Grenzen für uns, wenn wir noch nicht weiter fortgeschritten sind. Doch die verschieben sich, wenn wir dranbleiben, wie wir das auch im physischen Gym tun. Nur gibt es hier kein Ende. Wenn man sich eine gewisse Zeitlang damit intensiver beschäftigt und trainiert, erreicht man ein Level, das schwierig zu erklären ist. Man wird von einer Energie geführt. Das heißt, du spürst einfach, dass du mehr bist. Eine Verbindung des Innen mit dem Außen findet statt. Eine Einheit von Körper, Geist und Seele. Das kommt nach einer gewissen Zeit automatisch, wenn du bereit dafür bist. Am Anfang tust du so wenig wie möglich, dass du deinen Plan einhältst.

Die ersten drei Minuten am Morgen, die letzten drei Minuten vorm Schlafengehen. Das machst du für einen Monat oder vielleicht für sechs Wochen. Und dann sagst du dir: »Okay, drei Minuten morgens, drei Minuten abends, ja, gar kein Thema, easy. Abends will ich mich eigentlich gleich hinlegen, aber ich mach's, ich ziehe es durch.« Nach zwei weiteren Wochen merkst du, diese drei Minuten, die sind gar nicht so lang. Du könntest noch länger, ohne größere Anstrengung. Du fühlst, wie sich eine gewisse Tür im Unterbewussten öffnet, und du merkst, dass du auf einmal ruhiger und stärker und ausgeglichener bist. Du spürst, wie gut dir das tut; im Körper setzt sich Dopamin frei, eine Neurotransmitter-Belohnungsspritze, die uns motiviert und im Unterbewussten eine Spur hinterlässt. Wir kommen im wahrsten Sinne des Wortes auf den Geschmack und beginnen, wieder und wieder nach diesem Geschmack zu suchen. Wir werden zum Suchenden, wollen mehr und mehr. Wir machen mehr und mehr und beginnen, unsere kleine heilige Ecke zu verlassen.

In Japan gibt es eine alte Weisheit: »Lass die Lehren des Dojos nicht im Dojo zurück, sondern nimm sie mit in den Alltag.« Wenn du zum Suchenden geworden bist, nimmst du das, was du in deinem kleinen heiligen Örtchen, in deinem Dojo gelernt hast, mit nach draußen. Plötzlich wirst du im Stau völlig entspannt und relaxt sein. Dir fällt das vermutlich gar nicht auf, aber vielleicht sagen ja deine Freundin oder dein Kumpel so etwas zu dir wie: »Hey, was ist denn mir dir los? Du bist irgendwie viel ruhiger geworden.« Sie spüren instinktiv die Energie, sehen aber nicht die Kraft der Ruhe. Sie merken nur: Hier ist etwas anders. Du bist anders. Sie sind gewissermaßen in deinem Dojo mitten in der Arena des Alltags und werden Zeuge davon, wie du die Stille im Lärm gefunden hast. Sie sehen die Auswirkungen, das, was du in deinem mentalen Gym gelernt und geübt hast.

In unserer heutigen schnelllebigen Welt können diese Muskeln rasch wieder schrumpfen. Wir haben so viel um die Ohren, haben so viele Termine und Aufgaben und Hobbys, dass selbst Erfahrene manchmal im Alltag aus der Trainingsroutine fallen. Dann passiert es, dass wir nicht aufpassen, dass wir unsere Gym-Session dreimal, viermal, fünfmal auslassen – und plötzlich wieder in ein altes Verhaltensmuster fallen.

Davor schützen uns die beiden Schlüsseldisziplinen, die ich dir auf den nächsten Seiten vorstellen werde.

Zuvor aber beenden wir noch unsere mentale Einheit.

Nach jedem Training sollten wir uns noch etwas auslaufen oder abwärmen. Alles sanft und locker, wir machen nach einem anstrengenden Workout ja auch kein Hardcore-Stretching, wir sollten es zumindest nicht tun. Im mentalen Gym eignet sich am Ende am besten ein gewisses Dankritual. Das »Danke« signalisiert, dass wir etwas bekommen haben oder bekommen. Gewöhnen wir uns an, am Ende immer Danke zu sagen und wirklich in dieses positive Gefühl einzutauchen, uns geistig und körperlich einfach wohlzufühlen, mit allem verbunden zu sein und in der Harmonie geborgen. Wir können danken für alle möglichen Sachen und einfach auch nur für diese Meditation. Das ist einerseits der perfekte Abschluss unseres mentalen Workouts. Und andererseits stärkt das unsere innere Gewissheit und den Glauben, dass wir etwas bekommen haben. Wir haben ja auch tatsächlich etwas bekommen, und auf diese Weise lenken wir unsere Aufmerksamkeit darauf. Wir lenken unsere Aufmerksamkeit auf etwas Positives. Du erinnerst dich ja noch an das Motto: »Where attention goes, energy flows.« Unsere Aufmerksamkeit ist auf etwas Positives gerichtet und unsere Energie auch. Dadurch erhalten wir Energie.

Das Dank-Ritual am Ende unserer Session lässt uns voller Dankbarkeit und in innerer Harmonie aus dem mentalen Gym hinaus in unsere Arena des Alltags, in unser Leben treten. Wir haben geübt und trainiert und werden von Mal zu Mal mehr bereit, unsere gesteigerte geistige Kraft draußen auf dem Weg des Lebens zu nutzen und zu genießen. Wir fühlen uns gut, und wir werden merken, dass sich auch andere in unserer Gegenwart besser und wohler fühlen. Das knüpft an das an, was wir vorher bereits gelernt haben. Unser Training kann auch Vorteile für andere in unserer Nähe bringen, unser Umfeld wird irgendwann davon profitieren. Vielleicht motivieren wir Freunde oder unsere Familie dazu, ebenfalls ein Probetraining im mentalen Gym zu absolvieren. Dann können wir unsere Erfahrungen weitergeben: was gut funktioniert, wie gut uns das tut – und weshalb es so wichtig ist, dranzubleiben. Wir können unsere Erfahrungen teilen, weil wir auch an dem Punkt waren, dort weiterzumachen, wo es nicht so leicht war. Und wir können helfen und uns gegenseitig motivieren.

Wenn Menschen die gleichen Interessen und Gedanken haben, entsteht zwischen ihnen eine gewisse Frequenz, was zu harmonischen Beziehungen mit Gleichgesinnten führt. Und diese Aura verbreitet sich, als hätte man einen Stein ins Wasser geworfen: Es beginnt mit einem kleinen Kreis, und die Kreise werden immer größer und weiten sich aus. Man expandiert alleine und gemeinsam und anders herum. Ein Gefühl von Verbundenheit stellt sich ein.

Anleitung zur Übung

Der Morgen eignet sich gut, aber auch im Laufe des Tages ist es jederzeit möglich und tut gut. Nach dem Essen sollten zwei Stunden vergangen sein, da der Körper sonst zu beschäftigt ist.

Körper:
- Setz dich in eine für dich angenehme Position, zum Beispiel auf einen Stuhl. Die Beine befinden sich in einer 90-Grad-

Position, wie es meist beim Stuhl ist. Kopf und Rücken sind gerade, in einer Linie mit Himmel und Erde.
- Nun konzentrier dich auf deinen linken Arm. Spanne ihn langsam an, erst ein bisschen, dann stärker und dann richtig stark. Atme dabei ein. Halte diese Position für drei bis fünf Sekunden. Auch den Atem hältst du gleichzeitig an. Dann lass langsam die Spannung los und atme dabei aus.
- Konzentriere dich dann auf den rechten Arm. Gleicher Ablauf.
- Dann ist dein linkes Bein dran und danach dein rechtes Bein. Wieder der gleiche Ablauf.
- Zu guter Letzt geht es um den gesamten Körper. Immer in der gleichen Reihenfolge des Anspannens und des Atmens.

Von dieser An- und Entspannungsübung machst du nur eine Runde.

Atemübung:
- Weiterhin sitzt du gerade auf deinem Stuhl.
- Die linke Hand legst du auf deinen linken Oberschenkel mit der Handfläche nach oben. Ganz entspannt, locker und schwer.
- Die rechte Hand schließt du, als ob du ein Küken in der Hand hältst, und streckst dabei den rechten Zeigefinger aus. Die anderen Finger bleiben angewinkelt.
- Du schließt die Augen und drückst seitlich mit deinem rechten Zeigefinger auf dein rechtes Nasenloch, sodass hier keine Luft eindringen kann.
- Dann atmest du durch das linke Nasenloch LANGSAM, NATÜRLICH UND TIEF voll ein. Du nimmst deinen rechten Zeigefinger und hältst nun das linke Nasenloch zu und at-

mest aus dem rechten Nasenloch aus. Wieder NATÜRLICH UND TIEF.
- Das entspricht einer Runde. Davon machst du drei Runden in der gleichen Reihenfolge. Linkes Nasenloch ein und rechtes Nasenloch aus. Danach machst du das Gleiche andersherum. Rechtes Nasenloch ein und linkes Nasenloch aus. Wieder drei Runden.
- Danach legst du deine rechte Hand auf deinen rechten Oberschenkel, genauso wie die linke Hand auch, mit der Handfläche nach oben. Entspannt und schwer.
- Dann atmest du in beide Nasenlöcher TIEF, NATÜRLICH UND LANGSAM ein und dann etwas kräftiger und schneller aus.
- Auch davon drei Runden, also drei Atemzüge.
- Insgesamt kommst du dann auf neun Atemzüge.
- Danach bleibst du einfach für etwa dreißig bis sechzig Sekunden in deiner eigenen Stille.

Im alten Yoga und in der tibetanischen Lehre gibt es ähnliche Varianten. Diese Atemübung bringt deine beiden Gehirnhälften in Balance. Die Nadis (subtilen Energiekanäle) werden gereinigt. Du erlangst damit auch ein inneres Gleichgewicht und wirst dich womöglich schon gleich danach entspannter fühlen.

Affirmationen und Gedanken:
Jetzt kommt der Teil des inneren Selbstgesprächs.

Vier bis fünf Affirmationen. Ganz nach deinem Geschmack. Was wünschst du dir? Was willst du gerne erreichen? Genau das formulierst du in der Gegenwart.

Danach kannst du diese Affirmationen nach Belieben verändern. Aber achte darauf, dass du sie eine gewisse Zeit wiederholst, bis sie sich in deiner Tiefe, deinem Unterbewusstsein speichern.

Hier einige Beispiele für den Anfang: Du kannst dir vier bis fünf davon aussuchen oder deine eigenen aufschreiben. Du kannst aber auch eine Mischung bilden.

- »Von nun an übernehme ich die volle Verantwortung für meine Gedanken.«
- »Ich denke gut, also fühle ich mich gut.«
- »Ich bin auf dem besten Weg in meinem Leben.«
- »Ich bin stark und gesund.«
- »Mein Körper und Geist sind im Einklang.«
- »Ich bin erfolgreich. Erfolgreich in allen Bereichen meines Lebens.«
- »Ich ziehe Erfolg an.«
- »Ich nutze jeden Tag, um mich weiterzuentwickeln.«
- »Ich lasse los und bin entspannt.«
- »Meine Wünsche sind erfüllt.«

Stille:
Danach kannst du für eine oder mehrere Minuten stillsitzen und die gesamte Übung auf dich wirken lassen.

Dankbarkeit:
Und bevor du diese Übung beendest, bedankst du dich für die guten Dinge in deinem Leben. Dabei kannst du kurz an etwas Schönes denken. Entweder was du schon jetzt bist oder hast, oder was du dir wünschst und erleben wirst. Sei dankbar für die schönen Dinge, die noch eintreffen werden. In deiner

Imagination kannst du es schon im Jetzt erleben. Wie bei dem Kapitel zum Unbewussten schon beschrieben.

Zum Abschluss:

»Ich bin dankbar.« DANKE!

Dann kannst du dich leicht verneigen und die Handflächen aneinander vor der Brust zusammenhalten.

So mache ich es auch.

Viel Spaß und Erfolg damit.

»Die Motivation ist das, was dich starten lässt. Disziplin ist die Brücke zwischen Zielen und Erfolg. Die Gewohnheit ist das, was dich weitermachen lässt. Das Geheimnis deiner Zukunft liegt verborgen in deiner täglichen Routine.«

Es ist besser, eine Sache zu können, als tausend Sachen nur zu kennen: Zwei Schlüssel zum dauerhaften Erfolg

Ein Satz, bevor wir in dieses Kapitel eintauchen: Wenn du es bis hierher geschafft hast, die Kapitel aufmerksam zu lesen und die Übungen zu praktizieren, wenn du es also geschafft hast, den Weg in deine eigene Tiefe zu gehen, in der deine verborgenen großen Kräfte schlummern, dann warten auf dich nur noch zwei Schlüssel. Nur zwei Schlüssel, die aber für eine dauerhafte und positive Veränderung deines Lebens extrem wichtig sind. Diese zwei Schlüssel heißen: Motivation und Disziplin. Wir wollen jetzt ihre wichtigsten Eigenschaften näher betrachten. Und wir wollen die Fragen beantworten: Was bedeuten Disziplin und Motivation wirklich? Woher kommen die Begriffe, und was kann ich tun, um mir diese wichtigen Schlüssel fest anzueignen?

Wie die Überschrift dieses Kapitels schon verrät: Es ist besser, eine Sache wirklich zu können, als Tausende von Dingen nur zu kennen. Gerade heute, da wir in einem unglaublichen Informationsüberschuss leben, trifft leider Letzteres häufig zu. Sehr viele Menschen haben sich bestimmte Theorien und eine Menge an Wissen angeeignet. Und mindestens genauso viele zitieren schöne Weisheiten und Philosophien. Alle, die in Social Media auch nur ein wenig bewandert sind, können täglich etliche solcher Sprüche lesen. Viele, ja wirklich sehr viele, kennen diese Zitate. Aber wie viele können sie? Wie viele leben danach? Denn genau darauf kommt es doch an. Wir wollen nicht an der Oberfläche schöner Sprüche bleiben, sondern zu den Übungen gelangen und unsere Lehre tatsächlich verinnerlichen und leben.

Was uns bewegt

Lass uns deshalb am besten direkt ins Thema einsteigen und mit dem Schlüssel Motivation beginnen. Wir kennen das alle: Wir fangen mit einer neuen Sache an und haben dabei Spaß. Es ist total einfach, das neue Training, die neue Diät oder den neuen Sprachkurs durchzuziehen. Warum? Weil wir motiviert sind. Du kennst sicher jede Menge Leute, die sich Jahr für Jahr mit dem berüchtigten Neujahrsvorsatz herumschlagen. Euphorisch nehmen sie sich etwas fürs neue Jahr vor. Und das beginnt auch meistes ganz gut. Aber nach drei oder vier Wochen hört über die Hälfte von ihnen wieder damit auf. Warum? Weil die Motivation abnimmt. Tag für Tag wird sie weniger, und schließlich lässt man das Training oder den Theaterbesuch oder Sprachkurs zweimal ausfallen – und hört kurz darauf ganz damit auf.

Als ich noch im Fitnessstudio unterrichtete, konnte ich das Jahr für Jahr immer wieder erleben. In der ersten Januarwoche war das Studio rappelvoll. Immer, Jahr für Jahr. Und mit jeder Woche nahm die Anzahl der Trainierenden wieder ab, bis sich schließlich das altgewohnte Bild bot. Geblieben waren die Motivierten. Die, die den Schlüssel Motivation entdeckt und fest in der Hand gehalten hatten.

Wir alle kennen diese Szenarien, ganz sicher. Lass uns deshalb das Phänomen Motivation einmal näher betrachten. Der Begriff »Motivation« geht auf das lateinische Wort »movere« zurück, was so viel bedeutet wie »bewegen« oder »anregen«. In der Psychologie steht die Motivation beispielsweise für den Antrieb, der die Menschen dazu bewegt, bestimmte Handlungen auszuführen oder Ziele zu verfolgen. Motivation kann man in verschiedenen Bereichen des Lebens erkennen, sei es in der persönlichen Entwicklung, in der Arbeitswelt oder im

Sport. Sie spielt eine entscheidende Rolle bei der Förderung und Steigerung von Leistung und Zielerreichung. Die Motivation eines Menschen kann von verschiedenen Faktoren beeinflusst werden, sie kann durch Spaß, Belohnungen oder Anerkennung getriggert werden, um nur einige zu nennen. Dabei fällt auf: Es steckt immer ein persönliches Interesse dahinter. Insgesamt ist die Motivation ein komplexes Konzept, das mit dem menschlichen Verhalten und der Zielerreichung verbunden ist. Es gibt viele verschiedene Arten der Motivation, wir wollen hier aber bei der Wurzel dieses Themas bleiben.

Wie gesagt: »Bewegen« heißt im Lateinischen »movere«. Wir verwenden den Begriff »Movens« für einen Beweggrund, für einen Antrieb. Auch in anderen Sprachen (englisch »to move« oder spanisch »mover«) steckt dieses Wort. Eng verwandt, semantisch und inhaltlich, ist im Deutschen das Wort »Motivation«. Also das, was uns bewegt, was unser Antrieb ist, was uns dazu bringt, etwas zu tun. Was treibt uns also an, unseren Weg zu gehen?

Der Blick des inneren Auges

Um das herauszufinden, gehen wir von einer Erkenntnis aus, die wir in diesem Buch schon mehrfach gewonnen haben: dass wir manchmal deshalb vom Weg zu uns selbst abkommen, weil er nicht in physischer Form vor uns liegt. Weil die Beschäftigung mit dem Unsichtbaren uns mehr fordert, weil wir konditioniert sind, nur das Sichtbare als real zu betrachten, nur das Greifbare als existierend. Und wir fragen uns: Wie soll uns etwas bewegen (»motivieren«), wenn wir es gar nicht sehen? Die Antwort darauf: Indem wir es sichtbar machen. Mit einer Technik, die wir bereits kennengelernt haben, der Imagination, der Visualisierung. Durch die Visualisierung ersteht vor unserem inneren Auge unser Ziel. Unsere Vision. Deshalb ist vor allen anderen Techniken die Vision das Herz unserer Motivation.

Das Visualisieren ist eine der Kräfte, die hier auf unserer Mutter Erde nur der Mensch besitzt. Wir können Neues visualisieren, können Gebäude erbauen, Sprachen erlernen, wir können Geräte erfinden und vieles mehr. Alles, weil wir es visualisiert haben. Visualisierung und Kreation sind eng miteinander verbunden.

Der Blick des inneren Auges reicht sehr weit nach vorne. Wenn das Bild, das wir mit unserem inneren Auge erblicken, mit unserem Individuum harmoniert, erhalten wir Motivation. Es startet immer in unserem Innern. Ich muss eine Vision haben, ob nun von mir selbst oder von einer Sache. Wo will ich hin? Wie will ich mich sehen? Wenn ich meinen Körper trainieren will, vielleicht, um abzunehmen oder an Muskeln zuzunehmen, und gar keine Vision habe, dann werde ich diesen Weg niemals antreten. Denn ich weiß nicht, wohin der Weg mich führen wird, ich weiß noch nicht einmal, warum ich ihn überhaupt antreten sollte. Ohne Vision keine Motivation. Ohne Motivation keine Motion. Ohne Bewegung keine Veränderung.

Für einen Lehrer besteht deshalb die erste Aufgabe darin, den Schüler zu bewegen, damit er sich bewegt. Er kann ihm helfen und sagen: »Du wirst nach Einhaltung dieses Trainings so und so viel abnehmen, und damit wirst du so und so aussehen.« Der Lehrer kann den Schüler bitten, sich in diese Szenerie hineinzuversetzen und zu erforschen, wie er sich fühlen würde, wenn sein perfektes Bild Realität geworden ist. Dabei geschieht etwas Großartiges: Bei der Imagination wird das Geistige auf das Physische übertragen. Zuerst sehr subtil, doch mit der Wiederholung und Intensität der Konzentration wird dieses Bild letztendlich manifest und real. Ob es sich dabei um ein neu erbautes Haus handelt oder die Vorstellung vom Körper in seiner Bestform oder um irgendeinen anderen Erfolg: Immer geht der Geist vor, das Physische folgt.

Auf den Geschmack kommen

Wenn jemand jedoch absolut keine Gedanken in Richtung einer Vision entwickelt, kann man ihm nicht helfen. Wenn es uns nicht gelingt, eine Vision zu kreieren, dann schaffen wir es nicht, ein Ziel zu imaginieren – und nicht nur das Ziel, sondern auch den Weg dorthin werden wir verfehlen. Wenn uns all das nicht möglich ist, dann wollen wir die Veränderung auch nicht wirklich. Dann sperrt sich unser Unbewusstes, und wir haben es nicht hinbekommen, unser Ziel tief in uns zu verankern. Solch ein Ziel ist eigentlich kein Ziel. Ein Ziel ohne Vision, das funktioniert nicht. Ein Baum, der keine Wurzeln hat: Wohin soll der wachsen? Sicher nicht in die Höhe.

Es gibt viele Menschen, die sich letztlich gar nicht verändern wollen. Nur ist das Leben nun einmal eine stetige Veränderung, wie die Zeit oder wie fließendes Wasser. Wir sollten uns immer weiterentwickeln, auch im hohen Alter. Man wird zwar nicht jünger, aber es sind die Einstellung und die Motivation, die uns bewegen, unser tägliches Training zu absolvieren. Menschen, die sich nicht mehr weiterentwickeln und das auch nicht mehr wollen, die sind in einem übertragenen, will sagen negativen Sinne des Wortes »zufrieden«. Wenn man genauer hinschaut, bedeutet das nämlich so viel wie: »Rest in Peace.« »Zu« (das ist der Sarg) und dann »Frieden«. »Zufrieden« bedeutet hier Stillstand, kein fließendes Leben mehr, keine Neuheiten. Alles steht. Das ist der Anfang vom Ende. Denn solange wir leben, will sich die Natur des Lebens entwickeln. Ob im Geist oder Körper. Wir wissen, dass sich unsere Haare, unsere Nägel, die Zellen unseres gesamten Körpers bis zu unserem letzten Atemzug ständig verändern. Etwas ist immer am Fließen. Und wenn wir es schaffen, in diesem Fluss mitzufließen, bereichern wir uns in Körper, Geist und Seele.

Um in diesem Fluss mitzufließen, brauchen wir die Vision. Sie ist das Herz jeder unserer Veränderungen. Erfahrene Meisterinnen und Meister können ihren Schülern helfen, diese Vision für sich zu finden und sie zu formulieren, wörtlich und mental. Dann kann etwas funktionieren, das beispielsweise auch unsere Eltern mit uns gemacht haben, wenn wir irgendwo eingeladen waren und etwas angeboten bekamen, was wir noch nie zuvor gegessen hatten und nicht kannten. »Hey, ich habe hier etwas, das ist noch besser als das, was du sonst so isst. Das gibt dir richtig Power und das schmeckt auch noch gut. Probier doch mal.« Eigentlich wollen wir gar nicht probieren: »Kenne ich nicht, esse ich nicht. Aber na ja, wenn es mir wirklich Power gibt? Warum nicht. Und vielleicht schmeckt es ja gut. Mutter kennt meinen Geschmack genau. Ach, komm, ich probiere es einfach mal.« Wenn wir dann probieren, kann es sein, dass wir wirklich auf den Geschmack kommen, dass wir Geschmack an diesem Neuen finden. Und vielleicht gibt es uns kraftvolle Energie. Wir kannten das so nicht bisher.

So ist das bei einem unbekannten Gericht. Wir müssen erst auf den Geschmack kommen, um überhaupt eine Ahnung davon zu haben, wie etwas riechen und schmecken und welche Energie es uns geben kann. Daraus formen wir unsere Vision, mit allen Sinnen. Nicht ohne Grund sind Lieblingsessen mit ganz vielen Eindrücken verbunden: mit Licht, Wärme, Duft, Farben, Geschmack … Und so könnte unsere

Vision sein. Wir müssen nicht immer selbst zu ihr finden, wir können uns auch zu ihr hinleiten lassen; müssen sie dann aber entwickeln und sie auch und vor allem verfolgen – das kann uns niemand mehr abnehmen. Wir sollten immer einen offenen Geist behalten.

Ein offener Geist bedeutet hier: bereit sein für Veränderung. Ich habe in der Nachbarschaft erlebt, wie ein Mann mit über neunzig Jahren eine neue Sprache gelernt hat. Er war so motiviert und ist schließlich für mehrere Monate in das Land gereist, um die Sprache noch besser zu erlernen. Dieser Mann hat sich immer wieder etwas Neues zur Aufgabe gemacht. Und diese Motivation hat ihn jung gehalten.

Auch mein Mentor und Freund Dan Millman ist ein gutes Beispiel: Dan trainiert täglich seinen Körper und Geist. Er motiviert sich auch immer wieder aufs Neue und misst seine Übungen nie. Hinterher fühlt er sich immer energiegeladen und sehr wohl in seiner Haut. Wer Dan kennt, weiß, dass er im Alter von fast achtzig Jahren noch topfit und kerngesund ist. Gleichzeitig inspiriert er als lebendes Beispiel auf diese Weise sehr viele Menschen. Er regt sie an und bewegt sie. Seine Motivation motiviert.

Disziplin – die Kraft der Konzentration

Motivation ist einer der zwei Schlüssel zur Tür zu uns selbst und zu unserer Transformation. Es gibt noch einen zweiten Schlüssel, den wir ebenfalls näher anschauen wollen. Es ist ein bisschen wie mit der vorderen Haustür und unserer Wohnungstür. Wir brauchen die Schlüssel zu beiden, um ins Innere zu kommen. Um nach Hause zu kommen, ganz bei uns selbst. Dieser zweite Schlüssel, den wir nach dem Motivationsschlüssel benutzen, heißt: Disziplin.

Disziplin ist ein Begriff, der eng mit Selbstkontrolle, Selbstlenkung und der Fähigkeit verbunden ist, sich selbst zu organisieren und bestimmte Aufgaben zu erledigen. Sie bezieht sich auf die Fähigkeit, sich an Pläne und Routinen zu halten, Verantwortung für sein Handeln zu übernehmen und Ablenkungen zu vermeiden. Disziplin geht auf das lateinische Wort »disciplina« zurück, was so viel wie »Lehre« oder »Unterricht« bedeutet. Im alten Rom wurde der Begriff verwendet, um das Training von Soldaten zu beschreiben. Disziplin war entscheidend für die Ausbildung und das Verhalten der Soldaten und wurde gefordert, um Ordnung, Gehorsam und Effizienz sicherzustellen.

Im Laufe der Zeit hat sich der Begriff Disziplin weiterentwickelt, er wird heute in verschiedenen Kontexten verwendet, von der persönlichen Entwicklung über die Bildung bis hin zur Arbeitswelt. Disziplin bezieht sich auf die Fähigkeit, sich selbst zu beherrschen und sich auf das Erreichen von Zielen zu konzentrieren, auch wenn es unbequem oder schwierig ist. Mit Disziplin kann man Prioritäten setzen und sich auf das Wesentliche konzentrieren, statt sich von irgendwelchen Dingen ablenken zu lassen. Disziplin besteht aus Ausdauer, Durchhaltevermögen und der Bereitschaft, sich selbst zu fordern und die volle Verantwortung für seine Handlungen zu übernehmen.

Eine disziplinierte Person zeichnet sich daher durch eine starke Selbstkontrolle und Selbstregulierung aus. Sie kann Versuchungen widerstehen und sich auf langfristige Ziele konzentrieren. Disziplin ermöglicht es uns, Hindernisse zu überwinden, Herausforderungen anzunehmen und kontinuierlich an unserer persönlichen Entwicklung zu arbeiten.

Das Gute ist: Disziplin kann erlernt und entwickelt werden, wie ein Muskel, den wir aufbauen wollen. Es erfordert

Übung, Geduld und die Bereitschaft, sich selbst zu reflektieren und an sich selbst zu arbeiten. Indem man Routinen und Gewohnheiten entwickelt, Prioritäten setzt und sich klare Ziele setzt, kann man seine Disziplin stärken und seine Fähigkeit zur Selbstkontrolle verbessern. Dazu am Ende des Kapitels eine Übung für dich. Ich selbst habe diese Übung damals zur Vorbereitung für die Deutsche Meisterschaft 2007 im Mixed Martial Arts genutzt. Ich war damals körperlich und auch technisch nicht so gut vorbereitet wie meine Gegner. Ich hatte keinen Trainer, kein Team, ich habe mich ausschließlich selbst unterrichtet. Aber: Ich hatte mir einen sehr starken Geist antrainiert, und das wirkte Wunder. Denn wir wissen ja: Der Geist lenkt den Körper.

Der Geist an der Leine

Nun gehört Disziplin nicht nur zum Kanon der Schüler, sondern auch und vor allem zu dem der Meister. Die Meister kennen die Disziplin sehr gut. Sie haben ein besonderes Gefühl für sie entwickelt. Die Schüler hingegen müssen die Disziplin erst erlernen, und sie müssen durch die Disziplin lernen, Selbstbeherrschung zu erlangen. Meinen Klienten hilft dabei oft folgendes Bild: Wenn wir einem jungen Hund (nein, der steht natürlich nicht für den Klienten!) etwas beibringen wollen, müssen wir ihn oft erst einmal an die Leine nehmen. Jetzt stellen wir uns den Hund als Metapher für unseren Geist vor, für unsere Gedanken, die ständig wandern und kreisen und immer wegzufliegen drohen. Wenn wir unseren Geist nicht auch manchmal an die Leine nehmen, um uns auf unsere Aufgabe und unseren Weg zu fokussieren, dann geht unser Geist mit uns durch. Wir brauchen die Disziplin, um eine angefangene Sache weiterzuverfolgen. Mit der Zeit können wir die Leine etwas länger lassen und irgendwann ganz darauf verzichten. Der Hund, also unser Geist, bleibt bei Fuß und folgt uns, er hält an, wenn wir es wollen, und er läuft los, wenn wir ihm das Zeichen geben.

Disziplin bedeutet in diesem Kontext also zweierlei: zum einen die Kontrolle, die wir über unsere Gedanken, unseren Geist und über uns selbst ausüben und die uns hilft, uns so zu lenken, wie es die Situation womöglich erfordert, auch wenn wir dazu keine Lust haben. Aber wir tun das, was getan werden muss, um etwas Bestimmtes zu erreichen. Und zum andern, eng damit verknüpft, bedeutet Disziplin die Fähigkeit, unsere Vision weiterzuverfolgen und auch dann auf dem Weg zu bleiben, wenn die Motivation mal Sendepause hat.

Für den Kontrollaspekt war das vorherige Kapitel sehr wichtig. Denn nur, wenn wir fleißig im Gym trainiert haben, haben wir die Kraft zur Kontrolle. Wieder passt das Bild vom Hund: Wenn der schon groß und kräftig ist und an der Leine zieht und zerrt, dann brauchen wir unsere Muskeln, um uns dagegenzustemmen und nicht zu stolpern und damit uns nicht die Leine aus der Hand gerissen wird. Exakt so ist es auch mit unserer geistigen Kraft: Haben wir nicht genug Power, reißen sich unsere Gedanken los und machen, was sie wollen. Was den Geist anbelangt, gibt es nur dies: Entweder wir lenken und beherrschen ihn oder er lenkt und beherrscht uns.

Natürlich werden wir nicht jeden Tag Lust haben, ins mentale Gym zu gehen. Das ist auch beim normalen Fitnesscenter nicht der Fall, wir alle kennen solche Tage. Tage, an denen wir müde sind und glauben, heute gar nichts reißen zu können, Tage, an denen wir einfach gar keinen Bock haben, uns anzustrengen. Es fehlt komplett die Motivation, und wir können sie uns auch nicht durch das Wissen herbeizaubern, dass es nach dem Training wieder besser laufen wird. Genau an solchen Tagen ist die Disziplin entscheidend. Sie ist das Notstromaggregat oder das Überbrückungskabel, wenn unsere Motivationsbatterie leer ist. Die Disziplin gibt uns die Kraft, uns aufzuraffen und weiterzugehen. So lange, bis wir die Überbrückung nicht mehr brauchen und die Motivations-Batterie wieder voll ist und Power sendet.

Der kosmische Download

Die Motivation und vielleicht sogar noch mehr die Disziplin sind die Grundvoraussetzungen für eine echte und nachhaltige Veränderung. Wenn Menschen zu mir kommen und sich von mir coachen lassen wollen, dann ist vor allem am Anfang meine Bedingung, dass sie diszipliniert sind. Davon kann es keine Ausnahme geben. Das setze ich auch bei Seminaren voraus. Wenn die Teilnehmer nach einem Seminar eine WhatsApp-Gruppe gründen, gebe ich ihnen Folgendes mit: »Jeden Tag morgens und/oder abends die Übung machen, für sechs Wochen. Nach sechs Wochen werdet ihr Feedbacks untereinander austauschen können, die dann meist sehr, sehr positiv sind. Dann erst könnt ihr euch zunächst untereinander und später auch nur euch selbst motivieren.« Das ist eine sehr gute Herangehensweise, um mit Disziplin das Unterbewusstsein umzuprogrammieren. Denn wir wissen ja: Das Unterbewusstsein klammert sich immer an alten Verhaltensmustern fest. Alles, was noch nicht gespeichert ist, ist sehr, sehr schwierig, neu reinzubekommen.

Ich schärfe daher den Teilnehmern ein: »Jeden Tag! Keinen Tag ausfallen lassen, jeden Tag. Wenn ihr einen einzigen Tag ausfallen lasst, denkt ihr wahrscheinlich: ›Ah, nicht so schlimm.‹ Doch das stimmt nicht. Was passiert, wenn ich euch ein Video vom Handy zu Handy sende? Die Übertragung ist schon bei neunzig Prozent, da kriege ich einen Anruf rein, und ich meine zu euch: ›Ich muss schnell gehen, ich schick's euch morgen.‹ Wo muss ich dann anfangen: bei neunzig Prozent oder bei null? Ganz klar, bei null! Das Unterbewusstsein funktioniert genauso wie ein Download beim Handy oder bei einer Software. Abgebrochen ist abgebrochen.« Exakt so verhält es sich bei unserem Unterbewusstsein, das genau genommen nichts anderes ist als ein kosmischer Download. Alles läuft geordnet.

Oft werde ich gefragt, wie lange wir denn so diszipliniert sein müssen und wann etwas zur Gewohnheit geworden ist, wann also ein Download nicht mehr so einfach abbricht. Meine Antwort: Wenn wir täglich üben, dann braucht es mindestens einen Mondzyklus, aber ich empfehle meist sechs Wochen. Dann ist das neue Verhaltensmuster im Normalfall gespeichert. Manche brauchen allerdings drei Monate, andere weniger. Im Mittel sind sechs Wochen die Zeit, nach der wir unser Unterbewusstsein in diesem spezifischen Punkt umprogrammiert haben. Dann wird das Neue zur Gewohnheit. Wie wir schon erwähnt hatten: Zuerst bildest du Gewohnheiten und dann bilden die Gewohnheiten dich.

Ich habe viele Klienten erlebt, darunter auch Leistungssportler, für die Disziplin ja eigentlich das Alltäglichste überhaupt sein sollte, die genau an dem Punkt, an dem die Motivation nachließ, zurückgefallen sind, obwohl sie kurz vor dem großen Erfolg standen.

Deshalb sollte das von Anfang an ein Commitment sein. Mit dem Trainer und noch mehr mit dir selbst. Ein schönes Beispiel dafür ist Frank Stäbler, der dreifache Ringerweltmeister, von dem ich euch schon erzählt habe. Als wir beide miteinander zu arbeiten begannen, habe ich ihm ein strenges Programm auferlegt: Atemübungen, Affirmationen, Suggestionen, morgens und abends. Frank musste mir jeden Tag auf WhatsApp ein Häkchen schicken, jeden Tag. Ich hatte gleich zu Beginn klargestellt: »Ich unterrichte dich, aber nur unter einer Voraussetzung: Du musst diszipliniert jeden Morgen und jeden Abend mir ein Häkchen schicken. Immer wenn du deine Übungen gemacht hast.« Das hat er diszipliniert gemacht, jeden Morgen und jeden Abend. Einmal war er auf einem Seminar, und ich kriegte das Abendhäkchen nicht. Ich sagte zu mir: »Okay, den trainiere ich nicht mehr.« Am nächsten Morgen kam eine Nachricht von Frank: »Hey, Sensei: Ich habe im Trainingslager keinen Empfang gehabt.« Und wir haben weitergemacht.

Nur so kommen wir zu Kontinuität und Konstanz, die die Bedingung für Regelmäßigkeit und Gewohnheiten sind. Und genau diese Gewohnheiten bilden letztendlich das Rückgrat unserer Persönlichkeit, die Kraftstruktur unseres Lebens.

Das Zuckerbrot des Geistes

Lass uns zum Ende dieses Kapitels und fast am Ende dieses Buchs noch einmal etwas anschauen, was uns in unserer Motivation und Disziplin und letztlich in unserer gesamten Transformation bestärkt. Wir nennen es das »Zuckerbrot unseres Geistes«, die Belohnung. Die Peitsche, wenn man die Selbstkontrolle so nennen will, haben wir als Disziplin bereits kennengelernt.

Das Zuckerbrot brauchen wir, um motiviert und diszipliniert zu bleiben. Denn egal, ob wir gerade einen Hänger haben und uns durchbeißen müssen oder ob wir voranfliegen und uns alles scheinbar einfach von der Hand geht, wir brauchen eine Belohnung. Ohne irgendwann belohnt zu werden, wird selbst der motivierteste oder diszilinierteste Mensch aufhören und aufgeben. Denn hier funktioniert unser Unterbewusstsein immer wie ein kleines Kind, unabhängig davon, ob wir nun zehn Jahre jung oder achtzig Jahre alt sind. Das Unterbewusste braucht in irgendeiner Form eine Belohnung. Das kann von Person zu Person ganz unterschiedlich sein. Wenn die richtige Belohnung ansteht, hat das kleine Kind in uns auch immer genug Motivation und wird von innen her in Bewegung versetzt.

Der Hauptunterschied zwischen Motivation und Disziplin liegt darin, dass Motivation von innen kommt und ein Gefühl des Verlangens oder des Zwecks beinhaltet, während Disziplin eine aktive Entscheidung ist, sich selbst zu kontrollieren und die dazu erforderlichen Maßnahmen zu ergreifen, unabhängig von der vorhandenen Motivation. Die Motivation kann als der Anfangspunkt betrachtet werden, der den Wunsch nach einer Aufgabe oder einem Ziel oder unser Interesse daran weckt. Die Disziplin ist dann der Weg, wie man diesen Wunsch in die Tat umsetzt und konsequent dranbleibt, auch wenn die Motivation nachlässt. Um erfolgreich zu sein, ist es wichtig, sowohl Motivation als auch Disziplin zu entwickeln und zu nutzen. Motivation kann als Treibstoff dienen, um Ziele zu setzen und überhaupt zu beginnen, die Disziplin hilft dabei, den Kurs beizubehalten und die erforderlichen Schritte zu unternehmen, um diese Ziele zu erreichen.

Wir haben viel über das Unsichtbare und das Unbewusste gesprochen, weil den meisten von uns die Möglichkeiten und die Power, die darin liegen, nicht klar sind. Trotzdem haben wir es natürlich auch immer mit unserem Bewusstsein, unserem Denken zu tun, dessen Rolle wir nicht vergessen wollen.

Vor allem dann nicht, wenn es um das Zuckerbrot, also unsere Belohnung geht: Wir alle wissen, dass wir uns, nachdem wir uns selbst, unser faules Ich, unseren inneren Schweinehund besiegt haben, meist um einiges besser fühlen. Vielleicht ein wenig müde oder erschöpft, aber wir empfinden ein tiefes Wohlbefinden. Und unter Umständen war das Training gar nicht so toll und unsere Leistung vielleicht auch nicht. Aber egal. Wir spüren eine innere Belohnung, die sich in der Tiefe festsetzt.

Ein gutes Gefühl zu haben, ist sehr wertvoll. Das gilt nicht nur für das Training, sondern es gilt etwa auch für den Verzicht auf ein spätes, schmackhaftes Essen oder für den Spaziergang nach dem Abendessen, wenn eigentlich das Sofa lockt. Oder es gilt für das frühe Aufstehen vor einem langen Tag, um etwas Morgensonne auf dem Balkon oder im Garten zu tanken. Vielleicht kennst du auch diese eine Fernsehwerbung, in der es heißt: »Es gibt Dinge, die kann man nicht kaufen…« Richtig: Es gibt Dinge, die kann man nicht kaufen, zumindest nicht mit Geld. Aber mit Motivation und Disziplin. Und damit belohnen wir uns auch, wir belohnen uns, indem wir uns einfach immer besser fühlen. Energiereicher, erfolgreicher, gesünder und glücklicher. All das erreichen wir letztlich mit diesen beiden Schlüsseln.

Wir hatten schon erwähnt: Von nichts kommt nichts. Genau das sagt auch das Unbewusste: Für nichts mache ich nichts. Belohnung muss sein, und wir dürfen uns darüber freuen. Wir sollten das sogar und sie uns wieder und wieder ins Bewusstsein rufen. Selbst wenn wir meditieren, werden wir belohnt. Womit werden wir beim Meditieren belohnt? Ängste fallen ab, Zweifel fallen ab, Sorgen fallen ab. Geist und Körper befinden sich im Einklang, und wir haben ein sehr gutes

Gefühl. Wir kommen zur inneren Stärke und Harmonie im Leben. Also werden wir mit einem sehr guten Gefühl und mit einer Verbundenheit belohnt. Wir können nicht einfach etwas tun, wovon wir absolut gar nichts haben.

Loslassen und losgehen: Unser geistiger Weg

In der Belohnung steckt eine unheimlich starke Kraft, und sie ist eine Macht, die wir nutzen dürfen. Dahinter verbirgt sich ein Gesetz des Universums, das ich unzählige Male selbst erlebt und bei meinen Klienten immer wieder beobachtet habe. Es ist eine Abwandlung vom »Gesetz der Anziehung«, das sich so übrigens auch in der Bibel findet, man nennt es, obwohl der Gedanke auch in vielen anderen Schriften vorkommt, nach der entsprechenden Stelle im Matthäusevangelium das »Matthäus-Gesetz«: »Denn wer hat, dem wird gegeben. Wer aber nicht hat, dem wird auch das genommen, was er hat.« Hier geht es um die Vorstellungskraft, um unser Bild der Belohnung. Wir stellen es uns vor, wie wir uns fühlen, wenn wir diese Belohnung erhalten. Das aktiviert den Dopaminpegel, der uns dann die benötigte Kraft liefert, um unsere Aufgabe erfolgreich anzugehen und bis zum Schluss durchzuhalten. Und paradoxerweise ziehen wir dann all das an, was benötigt wird, um unseren Wunsch in Erfüllung zu bringen.

Wir haben, das ist dir vielleicht aufgefallen, hier von einer bestimmten Art von Belohnung gesprochen. Von einer innerlichen, von einem tiefen Gefühl, von etwas Feinstofflichem und Unsichtbarem. Natürlich können wir uns auch eine äußere Belohnung vorstellen, also etwas Grobstoffliches, ein schönes Glas Wein zum Beispiel oder ein wunderbares Dessert oder ein anderes materielles Geschenk. Auch das ist absolut in Ordnung und kann uns anspornen. Aber eben nicht in der

Weise, wie es der inneren Belohnung gelingt, die sich tief in uns festsetzt. Die wir immer bei der Hand haben, die wir nicht kaufen müssen oder können, die die ganze Zeit über bei uns und in uns ist und die wir nur durch unsere zielgerichteten Gedanken aktivieren müssen. Sich ständig auf äußere Belohnung zu fokussieren, schafft früher oder später Abhängigkeiten und irgendwann auch ein Unwohlbefinden. Denn gerade bei diesem Gesetz ist der Geist und Körper perfekt und erkennt, dass das Wahre und Bleibende von innen kommt.

Das ist ein weiterer entscheidender Aspekt: Der wichtigste Weg ist immer der Weg zu uns selbst – und den müssen wir alle selbst antreten und selbst gehen. Ich kann zum Beispiel jemandem eine Atemtechnik beibringen, aber könnte ich für diesen Menschen auch atmen? Natürlich nicht. Ich kann jemanden die Kampfkunst lehren, aber kann ich für ihn kämpfen und für ihn Kämpfer sein? Nein. Eine Weisheit sagt: »Der Lehrer zeigt den Weg, aber gehen muss der Schüler ihn selbst.« Letztendlich ist es der Mensch selbst, letztendlich bist du es. Dieser Weg zu dir selbst ist der einzige Weg. Alles andere sind nur vorrübergehende Hilfen.

Der Mensch muss selbst seine Beine trainieren, er muss sie im wahrsten Sinne des Wortes in die Hand nehmen, um loszugehen. Am Anfang ist Hilfe wichtig, wie bei kleinen Kindern. Wir begleiten das Kind beim ersten Mal Fahrradfahren und halten es fest. Dann fahren wir mit ihm jeden Tag, vielleicht eine Stunde, vielleicht zwei Stunden, je nachdem. Nach einer Woche kommt das Kind schon ein paar Meter alleine voran, nach zwei Wochen zwanzig Meter, nach drei Wochen hundert Meter – und nach zwei Monaten lassen wir es alleine fahren. Und unter Garantie: Die Freude, die Begeisterung, die das Kind verspürt, wenn es das erste Mal alleine fährt, ist eine ganz andere als vorher, als wir es als Eltern im Rücken geschoben oder die Hand gehalten haben. Denn es fühlt sich extrem gut an, unabhängig und frei sein zu können.

Und das gilt auch für unseren geistigen Weg: Irgendwann müssen wir losgelassen werden und losgehen. Jeder Lehrer wird den Schüler auf dessen Weg begleiten, aber nur so lange, bis der Schüler eine gewisse Routine und Disziplin aufrechterhalten kann. Dann muss der Lehrer loslassen, damit keine dauerhafte Abhängigkeit entsteht. Das hat nichts damit zu tun, ob man danach noch Kontakt hat oder nicht. Um ein Bild zu verwenden: Das Einschenken hört dann auf, wenn die Tasse gefüllt ist. Wann es so weit ist, entscheidet der Meister. Denn nur er sieht und erkennt die Tiefen. Echte Lehrer lassen dann frei – auch wenn ihnen das manchmal schwerfällt. Doch nur so kann die Schülerin oder der Schüler das eigene Selbstvertrauen und die innere Kraft entdecken.

Just do it

Wir sind fast am Ende unserer Reise. Hoffentlich hast du viel mitnehmen können. Und denk daran: »Es ist besser, eine Sache zu können, als tausend Sachen nur zu kennen.« Probier die Techniken also aus, wende sie an, entwickle Begeisterung für sie. Gib nicht auf, wenn es mal etwas dauert oder schwieriger wird, und erinnere dich immer wieder an die zwei Schlüssel Motivation und Disziplin. Du wirst sie brauchen, bevor alles zur Gewohnheit wird.

Dann geh an deine Herausforderung, überwinde dein schwaches Ich und tu es einfach. Just do it. Nach diesem inneren Sieg wirst du dich auf alle Fälle besser fühlen. Wie unter einer angenehmen, warmen Dusche, die dich zutiefst entspannt, so wirst du dich nach einem Sieg gegen dich selbst, gegen dein faules Ich fühlen. Und du wirst stärker und immer stärker. Dazu noch ein Spruch, der mir sehr gefällt und der mir immer geholfen hat: »Werde still wie ein Berg und fließend wie ein großer Fluss.«

Übung

Ein Ritual mit enormer Effektivität für deine Wunscherfüllung. Anwendbar auf alle Bereiche des Lebens. Für jede und jeden. Ich habe diese Technik oft bei mir und bei vielen meiner Schüler und Klienten erfolgreich angewendet. Und oftmals mit unglaublichen positiven Wirkungen, die viele als Wunder empfanden.

Was du dafür brauchst:
Ein leeres Buch oder Heft und einen Stift, neben deinem Bett.

Zeit:
Diese Übung dauert insgesamt wenige Minuten. Mache dieses Ritual jeden Tag ohne Ausnahme unmittelbar vor dem Schlafengehen. Und zwar sechs Wochen lang. Zähle jeden Tag und hake es nach getaner Arbeit ab.

1. Du beginnst mit einer Atemübung: Diese Atemtechnik (siehe QR-Code) hilft dabei, den Geist von all den vielen Informationen des Tages zu reinigen. Loslassen ist eine Kunst. Nur ein leerer Geist kann voll aufnehmen.
2. Du schreibst dir deine eigenen Affirmationen (sieben bis acht Sätze) auf. Deine Wunschsätze in der Gegenwart. Jeden Abend für sechs Wochen die gleichen Aufschriebe.

3. Dann liest du deine Sätze dreimal laut vor dich hin. Langsam und konzentriert. Dann leg dein Buch zur Seite.
4. Schließ die Augen und füge ein individuelles Dankgebet hinzu. Ganz so, wie du es fühlst und wie dir danach ist. Finde deine eigene Verbindung zu der unsichtbaren kosmischen Kraft. Hierzu gibt es keine genauen Regeln. Die einzige Regel, die hier zählt, ist, 100 Prozent individuell zu sein und seinem Gefühl nachzugehen. Das kann sich mit der Zeit auch ändern und ist völlig in Ordnung. Wichtig hierbei ist, am Ende ein Dankbarkeitsgefühl zu entwickeln.
5. Dann legst du dich hin und gleitest in deinen Schlaf. Dein Unterbewusstsein wird die letzten Minuten vor dem Schlafen immer als Anweisung aufnehmen und daran arbeiten. Mit der Zeit werden diese Sätze und Gedanken auf einer Ebene gespeichert, die für unsere Logik nicht zugänglich ist. Und wir werden auch nie wissen, wie und wann es dies wird. Auch hier gilt: Vertrauen und entspannt bleiben. Das Unbewusste kennt Wege und Lösungen, von denen der Intellekt nichts weiß.

»Dankbarkeit ist eine Einstellung des Herzens. Sei dankbar dafür, was du hast, und du wirst mehr bekommen.«

Dank

Als Erstes ein unendliches Dankeschön an die unsichtbare kosmische Kraft, die Schöpferkraft und Wurzel allen Lebens. Man kann sie nennen, wie man will: Kosmos, Spirit, Universum oder Gott. Sie hat viele oder keinen Namen. Erinnere dich: Es bist nicht du, der dein Herz zum Schlagen bringt und in dir alles in einer fast perfekten Ordnung hält. Hierzu möchte ich gerne diese Weisheit einfügen: Gott hat uns ein Gesicht gegeben, aber für den Gesichtsausdruck sind wir selbst verantwortlich. Diese Kraft hat mir zu Beginn meines Lebens den Spirit eingehaucht, den ersten Atemzug geschenkt und begleitet mich seitdem jeden Tag meines Lebens.

Danke an meine Eltern und Familie, die eine wichtige Rolle in meiner Erziehung gespielt haben, mich beschützt haben und geduldig an meiner Seite waren, in guten wie auch in schwierigen Zeiten.

Ein besonderer Dank geht an den Verlag Herder und Simon Biallowons für die große Unterstützung bei der Entstehung meines Buches. Ohne euch wäre es nicht möglich gewesen, meine Vision zu verwirklichen.

Danke an meinen Mentor und Freund Dan Millman, der meine innere schlummernde Kraft zum Leben erweckt hat, sowohl durch seine Bücher als auch in persönlichen Begegnungen.

Danke an alle weiteren Lehrer und Meister, die mich direkt, aber öfter noch indirekt inspiriert haben, sei es durch Bücher oder kraftvolle Eingebungen.

Ein herzliches Dankeschön an alle meine Freunde, auch an alle Schüler und all diejenigen, die ich hier nicht namentlich aufzählen kann, da ihr zu zahlreich seid. Ihr alle habt einen

Platz in meinem Herzen, und ich bin dankbar für jede Erfahrung, die mich zu dem gemacht hat, was ich bin. Ein guter Lehrer ist nichts ohne einen guten Schüler. Der gute Sender wäre unwichtig, gäbe es den Empfänger nicht. An dieser Stelle: Wir sind alle gleich wichtig, und jeder hat seine eigene Rolle und Mission im Leben.

Zu guter Letzt: Danke auch dir, liebe Leserin und lieber Leser. Für euch ist dieses Buch entstanden.

DANKE!

Zum Schluss

Abschließend möchte ich gerne mein Wunschdenken aussprechen. Wenn du, liebe Leserin, lieber Leser, etwas aus dem Buch für dich mitgenommen hast, lasse diese eine Übung, diese eine Inspiration nicht im Buch zurück. Nimm sie mit in deinen Alltag und dein Leben. Gerade an den Tagen, an denen du dich selbst »besiegst«, hast du deine innere Kraft gestärkt. Diese in dir wohnende Kraft, so wünsche ich dir, wird mit ein wenig Geduld zu dem wertvollsten Begleiter auf deinem Weg des Lebens.

Durch dich soll diese positive Kraft weiterstrahlen, ob im Kleinen oder im Großen, das spielt keine Rolle. Ich kann vielleicht nicht die gesamte Welt verändern, aber für jeden Einzelnen, der seinen Weg geht, verändert sich die eigene Welt.

In diesem Sinne wünsche ich, dass die Menschen eines Tages aufwachen und in ihrem Inneren aufräumen. Denn genau dort beginnt die Reise, genau dort beginnen die Kanäle zu allem äußeren Handeln. Diese extrem negativen Energien sollen durch gute und positive Kräfte ersetzt werden. Diese negativen Kräfte, die sogar Kriege und andere ähnlich große Schäden anrichten können, sollen gänzlich verschwinden. Lachende Gesichter, Menschen im Gleichgewicht von Geist und Körper, Gesundheit und Wohlbefinden sowie innerer und äußerer Reichtum – genau das wünsche ich jedem Einzelnen, und somit auch eine bessere Natur und Welt.

Mögen diese Kräfte weiterwirken und uns eines Tages unseren Wunsch erfüllen. Es mag manchmal unmöglich erscheinen, wir halten uns oft für zu klein, um große Veränderungen anzugehen und daran zu glauben. Und dann zeigt sich, dass wir doch mehr Kräfte in uns tragen, von denen wir nichts wussten.

Zum Schluss

Wenn hin und wieder der Gedanke aufkommt, dass du alleine zu klein bist, um irgendetwas zu verändern, erinnere dich immer wieder an dieses Zitat: »Falls du glaubst, dass du zu klein bist, um etwas zu bewirken, dann versuche mal zu schlafen, wenn ein Moskito im Raum ist.«

Und tatsächlich ist es so. Glaube an dich selbst und glaube auch daran, dass du dir vieles erfüllen kannst, das du einst für unmöglich gehalten hast. Tu zuerst das, was du tun kannst. Dann tu das, was möglich ist. Und plötzlich schaffst du das Unmögliche.

Wir haben viele gute Techniken und Übungen gelernt, um Großes zu schaffen.

Ich wünsche dir Mut und alles Beste auf deinem Weg.
Yasin Seiwasser

Anmerkungen

1 https://www.spektrum.de/frage/wie-lange-kann-ein-mensch-ohne-zu-essen-ueberleben/1372304
2 https://www.swr.de/wissen/schiffbruechiger-ueberlebt-24-tage-auf-see-so-lange-kann-man-ohne-essen-ueberleben-100.html
3 https://www.swr.de/wissen/schiffbruechiger-ueberlebt-24-tage-auf-see-so-lange-kann-man-ohne-essen-ueberleben-100.html

Abbildungsnachweis

Abb. S. 9, 19, 205: © Yasin Seiwasser

Abb. S. 11: © Witthaya Prasongsin/GettyImages

Abb. S. 25: © Maria Roman/500px/GettyImages

Abb. S. 77: © Baac3nes/GettyImages

Abb. S. 95 u. 155: © José A. Alcauce Marqués/Fotoatelier-Ebinger

Abb. S. 109: © Ümüt Kasikci

Abb. S. 135: © Buena Vista Images/GettyImages

Abb. S. 179: © MIXA/GettyImages

Abb. S. 201: © Lemon_tm/GettyImages